| 세미오시스 교양총서 01 |

세계의 몸짓 몸짓의 세계

이 저서는 2010년 대한민국 교육부와 한국연구재단의
인문한국(HK)지원사업의 지원을 받아 수행된 연구임(NRF-2010-361-A00013).

세미오시스 교양총서 01

세계의 몸짓 × 몸짓의 세계

권경애 · 김형래 · 박경은 · 송승원 · 임대근
임민지 · 장용규 · 정은귀 · 최진영 · 추석훈

HU:iNE

목차

머리말

몇 해 전 마이크로소프트의 공동 창업자인 빌 게이츠가 우리나라를 찾아 대통령을 예방한 적이 있다. 그는 대통령을 만나 반갑게 악수를 나눴다. 그런데 다른 한 손은 버젓이 바지주머니에 들어가 있었다. 이 장면이 언론을 통해 일제히 보도됐고, 누리꾼들은 두 가지 입장으로 나뉘어 논쟁을 벌였다. 상대방 문화를 존중하지 않는 무례한 행동이라며 나무라는 편과 미국에서는 흔한 일이니 이해 못할 일은 아니라며 두둔하는 편이었다. 공교롭게도 그 나흘 뒤 래리 페이지 구글 최고경영자 역시 대통령을 예방했는데 그는 꽤 공손한 자세로 악수를 나눴다. 어쩌면 빌 게이츠 '사건' 때문에 더욱 조심했을지도 모를 일이다.

미국인의 손짓이나 몸짓은 분명히 우리와는 다른 데가 있다. 버락 오바마 미국 대통령은 악수를 할 때 다른 손으로 상대방 어깨를 두드리는 버릇이 있다고 한다. 언론 보도에 따르면 텔레비전 대선 토론회 당시 상대당 후보에게도 그랬고, 백악관을 방문한 하원의장에게도 같은 행동을 반복했다고 한다. 우리 관습으로는 영락없이 윗사람이 아랫사람을 다독일 때 하는 동작이다. 이를 두고 언론은 대통령에 대한 존중감이 높기 때문이라고 했지만, 우리나라 대통령은 아무리 존경받는다고 해도 자기보다 나이가 많은 사람에게 이런 행동을 쉽게 하지는 못할 것이다.

이런 관습은 오랜 역사 배경과 문화 전통 위에서 굳어져왔다. 흔히 말하는 '바디랭귀지(body language)', 즉 '몸짓 언어'인 셈이다. 저마다 다른 역사 배경과 문화전통은 상이한 몸짓 언어를 만들어냈다. 문화의 경계를 넘고, 국가의 경계를 넘어서면 입으로 하는 말, 즉 구두 언어만 달라지는 게 아니라 몸짓 언어도 달라지게 된다. 전지구화(globalization) 시대 우리는 일상적으로 다른 문화와 접촉하면서 살아간다. 그만큼 외국어를 배우고 말해야 할 필요성은 더욱 강화되고 있다. 의사소통 도구로서 외국어는 다른 문화권에서 살아가는 파트너를 만나기 위한 필수 요소가 됐다. 그러나 언어 소통 도구로서 외국어 구사 능력은 몸짓 언어에 대한 이해를 겸비해야만 빛을 발할 수 있다.

한국외국어대학교는 45종의 언어를 가르치고 있다. 외국어 교육이라는 측면에서는 세계에서 세 번째로 큰 규모다. 특정 언어를 다른 언어로 통역, 번역하는 교육도 꽤 앞서 있다. 그런데 조금 과장해서 말하면, 전혀 가르치지 않는 언어가 하나 있다. 바로 바디랭귀지, 몸짓 언어다. 특정 몸짓 언어를 다른 언어로 통역하거나 번역하는 데에도 그다지 큰 관심을 갖고 있는 것 같지 않다. 다양한 문화권에서 독특하게 발달해 온 몸짓 언어는 우리 시대에 필수불가결한 제3의 언어임에 틀림없다. 몸짓 언어를 이해해야 한다고 강조하는 까닭은 단지 개인 간 소통의 오류를 방지하기 위한 필요성 때문만은 아니다. 이는 자신이 속한 집단과는 다른 집단의 거대한 문화를 이해하는 일이기도 하다.

몸짓 언어는 이른바 비언어 커뮤니케이션 방식의 대표적인 영역이다. 비언어 커뮤니케이션으로서 몸짓 언어를 알아가는 일은 상호 문화에 대한 이해 없이는 완성되기 어렵다. 눈빛, 손짓, 고갯짓, 얼굴 표정 등을 통해 드러나는 몸짓 언어는 언어 너머 수많은 소통의 요인들을 담지하고 있다. 이 책은 이러한 몸짓 언어가 각 언어권, 문화권을 중심으로 어떻게 형성되고 발달돼 왔으며, 어떠한 특징들을 갖고 있는지 구체적인 사례들을 통해 서술하고자 하는 기획에서 비롯됐다.

그 중에서도 우리가 흥미를 가질만한 대표적인 10개 언어권을 중심으로 몸짓 언어를 소개하고자 했다. 미국, 프랑스, 독일, 러시아 등 서구 언어권과 아프리카, 아랍, 인도네시아, 타이와 이웃 나라들, 일본, 중국 등 아시아·아프리카 언어권이 그들이다. 각 지역에 대한 언어와 문화를 오랫동안 연구하고 가르쳐 온 필자들은 언어권의 몸짓 언어를 개괄하고 주된 특징과 다양한 사례도 소개하고 있다. 경우에 따라서는 신체 접촉, 공간 거리, 의복 및 장식 등에 관한 내용도 포함됐다. 더불어 독자의 이해를 돕기 위해 관련 그림이나 사진을 제시하기도 했다.

대중을 위한 교양서로 기획한 도서인 만큼 복잡한 학문적 논의는 피하려고 노력했다. 오히려 필자들은 자신의 개인적 경험을 '고백'하는 과정을 통해 독자들이 이해하기 쉽도록 해당 언어권의 몸짓 언어를 친절히 설명하고 있다. 지금까지 여러 나라의 몸짓 언어를 소개하고 설명하는 책들이 전혀 없지는 않았지만, 이번에 엮은 이 책이 조금이나마 독자에게 가까이 다가갈 수 있는 장점을 갖게 된 데는 모두 이런 노력을 게을리 하지 않은 필자들 덕분이었다. 물론 책을 엮고 나서도 여전히 아쉬움은 남는다. 그러나 이런 아쉬움은 이 책이 독자의 사랑을 받고 그 힘으로 책을 개정하게 되면 틀림없이 보완되리라 믿는다. 이번에 함께 소개하지 못한 중요한 언어권을 보완하고, 더 많은 시각 자료 제공을 위해 노력하고, 더 흥미로운 사례와 역사적 연원 등을 덧붙일 수 있을 것이다.

필자들은 이렇게나마 독자들이 급한 갈증을 풀 수 있기를 바라마지 않는다. 한국연구재단 인문한국(HK) 사업의 일환으로 인문 지식의 대중화를 위해 이러한 기획을 적극적으로 지지해 준 세미오시스 연구사업단에 무엇보다 감사드린다. 오랜 인내심으로 원고를 기다려

주고, 더불어 난삽한 원고를 미려한 편집으로 뒤바꿔 준 한국외대 지식출판원에도 감사드린다. 『세계의 몸짓, 몸짓의 세계』를 통해 독자들이 세계 시민으로서 교양과 문화를 쌓아가는 첫걸음을 뗄 수 있는 기회를 갖게 된다면 필자들로서는 더할 일 없는 보람이자 즐거움일 것이다.

2016년 3월 봄을 맞는 길에
임 대 근

I

미국

1

마음은 어떻게 들키는가?: 몸의 언어 읽기

정은귀

1. 들어가며

늘 누군가와 접촉하는 우리다. 작은 마을에서 서로 아는 사람들이 만난다면 멈춰 서서 어떤 이야기라도 하겠지만 우리가 몸담고 있는 공간이 익숙함보다는 익명성을 요구하는 공간이고 보면 우리는 입도 닫고 몸도 움츠러들게 마련이다. 다른 문화권의 사람들과의 만남은 어떤가. 의사소통 수단으로서 서로 아는 언어를 공유한다면 그 만남은 그리 큰 긴장이 따르지 않겠지만 그렇지 않은 경우엔 몸도 마음도 얼음이 된다. 물도 설고 낯도 설고 언어도 모르는 낯선 곳에서 혹 혼자 남겨진 경험이 있는가? 그러한 때 유일하게 기댈 것이 바로 몸이다. 몸짓 언어. 우리는 어떻게든 손짓, 발짓, 눈짓을 사용하여 소통을 시도한다. 그래서 몸의 언어는 우리가 언어라고 부르는 것 이전의 소통 수단이다. 그렇다면 우리는 몸의 언어를 잘 알고 있는가? 어떤 문화권에서는 칭찬이 되는 몸의 언어가 어떤 문화권에서는 모욕이 될 수도 있다는 사실을 알고 있는가? 그 차이를 알아가는 것은 국가와 문화와 언어의 경계를 자유로이 넘나드는 지금 시대를 사는 우리에게 가장 필요한 삶의 조건일 지도 모른다. 지금부터 차근차근 몸의 언어가 무엇이며 몸의 언어를 어떻게 읽을 수 있는지 알아가기로 한다. 몇 가지 오해와 이해 사이에서 이 글은 수많은 질문과 그에 대한 답을 직조하면서 진행하기로 한다.

몸이 닫히면 마음도 닫힌다고 한다. 과연 그러한가? 그러하다. 몸이 닫히면 마음이 닫히고 몸이 열리면 마음이 열린다. 마음이 닫히면 몸 또한 닫힌다. 마음이 열리면 몸도 열린다. 글의 첫머리부터 행여 야한 연애론이라도 기대하는 독자들이 계시다면 죄송하단 말씀을 미리 드린다. 오해 마시길. 이 글은 연애론이 아니다. 몸짓 언어를 통해 사람의 마음을 읽는 방법론, 미국편이다. 언어를 알지 못할 때 우리는 몸에 의존할 수밖에 없다. 몸이 만드는 동작, 얼굴 표정, 몸의 표현을 통해 우리는 교감한다. 말 한 마디 통하지 않는 낯선 나라에서 이방인으로 여행할 때 손짓 발짓으로 일을 해결한 경험이 다들 한 번씩은 있을 것이다. 말이 통하지 않아도 손짓 발짓 몸짓으로 나누는 몸의 언어는 서로 다른 문화권의 사람들 사이에 의사소통의 수단이 되고 누군가는 몸의 언어만으로도 대화를 한다. 그러다 어쩌면 사랑에 빠지기도 한다.

2. 거리와 접촉

사랑에 빠질 정도는 아니나 몸의 언어를 두고 약간의 오해를 했던 경험이 내게도 있다. 유학 시절 두 번째 학기 때 긴 여름 방학을 한국에서 보내고 미국으로 돌아가 친구들을 만났다. 버펄로의 문화의 거리라고 할 수 있는 엘름우드 거리에서 두 달 만에 만나는 친구. 그는 나를 보자마자 어깨를 감싸며 인사하더니 뺨에 입을 쪽 맞춘다. 키가 190에 가까운 거구였으니 안으면 나는 그 안에 폭 싸인다. 순간 무척 당황했다. 그는 내 좋은 친구였으니, 친구로서 참 좋은 이 친구, 이 남자야, 아니 이건 무슨 뜻이지? 그런데 다행스럽게도 내 당황스러움은 그 바로 옆에 있던 캐서린이 이번에는 내 허리를 안고 뺨에 입을 쪽 맞춘다. 그녀도 나도 여자다. 나는 갑자기 한낮 길가에서 한 남자와 여자에게 뽀뽀를 두 번 당하고 말았다. 아, 맞아, 여긴 미국이지. 캐서린 덕분에 이 다정한 포옹과 뽀뽀 세례가 아주 반갑고 정겨운 인사임을 아는 데는 긴 시간이 필요하지도 않았지만 나는 누가 볼 새라 조금 민망했던 것도 같다.

그렇다면 이 경험을 일반화해서 모든 미국인들은 몸의 언어에 익숙해서 친숙한 접촉을 즐긴다고 주장한다면 그 말은 맞을까 틀릴까? 대답은 '아니오'에 가깝다. 문화적인 공통된 코드로서 모든 미국인들이 다 친숙한 접촉을 즐기는 것은 아니다. 위에서 예를 든 경우는 워낙에 이미 신뢰하는 친구 사이라는 전제가 있었다. 그래서 나는 생전 처음 경험하는 그 격한 포옹과 뽀뽀가 좀 놀랍지만 기분이 나쁘진 않았다. 친구 사이에 주고받은 우정이 있었기 때문에 가능했던 것인데, 친구 사이가 아니라 비즈니스로 만나는 일반적인 미국인들을 사적인 접촉보다 개인적인 거리두기를 꽤 중시한다. 신체에 대한 직접적인 이야기나 나이 등 사적인 정보를 캐묻지 않는 것도 그 증거일 텐데, 사적인 거리는 몸짓과 언어에서도 예민하게 드러난다. 가령 줄을 서서 기다리거나 길을 걸을 때, 미국인들에게 거리두기는 무척 중요하다.

몸이 와 부딪치는 것에 민감한 이들은 산책길에 혹시 조금이라도 부딪칠 것 같으면 "Woops, I am sorry!"라고 반드시 사과한다. 생전 처음 보는 사람인데도 오가다 눈만 마주쳐도 "How are you?"라고 묻는다. 아침 산책길을 걷다보면 어떨 때는 성가신 느낌이 들 정도로 마주 오는 사람들과 인사를 주고받아야 한다. "How are you?"를 주고받다 보면 처음에는 의미 없어 보이는 말이 실은 이 길 위에서 나의 안전을 보장하는 어떤 확언이라는 생각이 든다. 길을 양보 받거나 앞질러 갈 때 "Excuse me."는 기본이라 이러한 미국식 인사에 길들여져 있다가 다시 한국에서의 생활을 시작할 때는 한국적인 친숙함이 몹시도 어색했던 기억이 난다. 그러다 모처럼 미국을 다시 방문하게 되면 공항에서부터 들리는 재잘거리는 인사들, 아, 여기가 미국이구나. 미국인들의 수다스러움은 몸짓 언어를 이해하기 위한 미국인 특유의 사적인 거리의 중요성을 다시 한 번 상기시킨다.

몸짓 언어를 이야기하기에 앞서 이처럼 좀 별나게 느껴지는 미국인들의 언어 습관을 이야기하는 것은 사적인 거리의 중요성을 다시 한 번 되짚어 보기 위함이다. 당신이 약간만 수다스러울 준비가 되어 있다면 미국인과 친구가 되는 것은 그리 어렵지 않다. 서로 마스크를 끼고 걷는 산길에서 눈이 마주쳐도 인사 한 마디 없이 지나는 우리네의 무뚝뚝한 문화와는 자못 대조적이다. 이 모든 말의 수선스러움이 바로 사적인 공간을 중시하는 문화에서 나온다. 공간에 대한 관심이 유난히 예민한 미국인이기 때문에 남의 공간을 넘거나 침해하는 행위에 유난히 민감하고 그러한 민감함이 길이나 공공장소에서 그런 수다스런 말의 인사로 드러나는 것이다. 물론 영국인들은 또 다르다. 영국인들은 세상에서 제일 무뚝뚝한 사람들 중 한 부류에 속할 것이다.

3. 오해와 이해, 차이들

자, 그렇다면 몸이 말을 한다고 할 때, 말 대신 어떤 의사를 전달하는데 가장 효과적인 수단으로서 몸의 언어는 어떤 것들이 있을까. 문화권마다 다른 사례들이 쓰이기 때문에 그 차이를 알고 있는 것이 중요하겠다. 로마에서는 로마법을 따르듯 내가 어떤 땅에 발을 딛는 순간부터 나는 그 나라의 몸짓을 이해하고 그 나라의 몸짓에 맞는 몸의 언어를 구사해야 한다. 몇 가지 사례를 들어서 몸의 언어에 깃든 차이를 알아보기로 하자. 먼저 엄지와 검지로 둥글게 원을 그리는 동작은 북미권과 유럽에서는 "OK"를 의미한다. 미국에서 "오케이, 좋아"를 의미하는 사인으로 제일 많이 쓰이는 이 동작은 "Understood" 즉, "좋아, 이해했어, 알겠어"의 의미가 된다. 그런데 프랑스에서 똑같은 손동작이 단순히 "zero"나 "아무런 의미 없이 헛것인"의 의미가 된다. 똑같은 동작이 일본에서는 동전을 의미하고, 러시아, 브라질, 터키, 지중해권에서는 성적인 모욕감과 적대감을 불러일으키는 표현이므로 삼가는 것이 옳다. 미국에서 중간 손가락을 들어 올리는 것과 같은 의미로 말이다.

미국에서 엄지손가락을 세워드는 "엄지 척"은 어떤 의미일까, 그것은 "좋아"를 의미하는 수락이나 허용, 만족감의 표시, 혹은 "수고했다"라는 칭찬의 의미로도 전달된다. 하지만 이탈리아에서는 이 몸짓이 그냥 숫자 하나를 의미하는 정도이고 중앙아시아 지역에서 이 손짓은 다소 버릇없는 의미를 띨 수 있다. 우리나라에선 상대방을 향해 엄지를 척 치켜들면, "너 최고" "힘내"등의 의미도 가능할 것이다.

미국에서 우리는 헤어질 때 손을 흔든다. "Good-bye"의 의미를 띠는 이 몸의 언어는 라틴 아메리카에서는 "No"의 의미로 바뀐다. 미국에서 집게손가락으로 친구를 부르기도 한다. 하지만 중동이나 스페인, 혹은 라틴 아메리카 국가나 아시아 국가에서는 이러한 동작이 버릇없고 상대방이 굴욕을 느낄만한 큰 사건. 집게손가락을 불러 누군가를 부르는 일은 집에서 키우는 애완용 동물에게나 가능할 것이다.

누군가를 부를 때 이 문화권에서는 주로 손 전체를 사용하여 손바닥을 아래로 한 채 손짓을 한다. 동양 문화권에서 연사가 한참 연설하면서 가운뎃손가락을 사용할 때가 간혹 있다. 물론 우리는 이 동작을 어떤 것을 가리키지 위한 것으로 받아들인다. 하지만 미국에서는 가운데 손가락을 사용하는 것은 큰 결례임은 누구나 알 것이다. 물론 미국에서 아이들에게 "안 돼!"라고 단호하게 말할 때 집게손가락을 세워서 표현하기도 한다.

한국인들이 사진을 찍을 때 자주 사용하는 V자 손가락 표현, 즉 검지와 중지를 뻗고 손등을 보이는 표시는 미국에서는 승리가 아니라 다만 숫자 2를 가리키는 의미로 통용된다. 이 의미가 승리를 표하는 나라는 독일과 한국이고 프랑스에서는 이러한 손동작은 평화를 의미한다. 미국에서만 통용되는 특이한 손동작도 있다. 바로 엄지와 검지, 소지(새끼손가락)를 펴고 중지와 약지를 접어 보이는 동작이다. 이는 "사랑해"라는 의미를 갖고 있다. 영화에서 이런 동작을 혹 본 적이 있지 않는가?

또 하나 문화별, 국가별로 차이를 보이는 흥미로운 손동작이 있는데, 엄지와 검지를 세우고 나머지 세 손가락을 접는 동작이 그것이다. 이는 미국에서는 웨이터를 부를 때 자주 쓰인다. 유럽에서는 숫자 2를, 영국이나 오스트레일리아, 뉴질랜드 등 영 연방 국가에서는 이것이 숫자 1을 표시하기도 한다. 일본에서는 이런 동작을 했다가는 큰일 난다. 모욕으로 간주되기 때문이다.

손동작에서 빚어지는 문화 간 차이를 제대로 이해하지 못한다면 우리는 어디선가 큰 오해를 받고 얻어터질지도 모르는 노릇이다. 이는 손에만 국한된 것이 아니어서 다리의 움직임을 통한 몸짓 언어에 있어서도 문화권간의 차이는 참으로 다양하다. 당신이 누군가와 토론을 하는데, 그 사람이 유난히 마음에 들지 않는다고 가정해보자. 이럴 때 당신은 무릎을 다소곳이 오므리고 앉을까? 혹은 왼쪽 다리를 오른쪽 다리 위에 얹을까? 만약 왼쪽 다리를 오른쪽 다리 위에 얹는다면 그건 상대방에게 나는 당신을 경쟁적인 상대로 생각하고 지금도 전투적인 태세로 대화에 임하고 있다는 뜻을 알리는 것이다.

그렇다면 내가 상대방에게 호의를 가지고 있는데 그처럼 다리를 얹고 있다면 이런 경우 몸의 언어는 말의 언어로 소통을 시작하기도 전에 상대방에게 적대감을 먼저 전해줄 것이다. 이런 것을 조심해야 한다. 고개를 수그리는 행위는 또 어떤가? 길을 걸을 때, 혹은 이야기를 할 때, 기운이 없어서 고개를 수그릴 수도 있다. 하지만 대개 고개를 숙이는 행위는 네가 지금 뭔가를 숨기고 있거나 걱정이 많다는 인상을 줄 수 있다. 마음이 거리낌이 많은 사람은 고개를 잘 들지 않는다. 고개를 들고 눈을 맞추며 대화를 하는 기술을 그래서 소통의 첫 단계로 무척 중요하다. 눈을 맞추어야 마음이 열리기 시작하는 것이다. 단, 고개를 너무 빳빳이 들어도 안 되고 상대방과 적당한 선에서 눈을 맞추는 것이 필요하겠다.

처음 만나는 사이건 오랜만에 만나는 사이건 손을 잡고 악수를 하는 행위는 무척 중요하다. 당신은 손을 꽉 쥐는 편인가? 느슨하게 쥐는 편인가? 상대방의 손이 행여나 아플까 걱정되어 손을 느슨하게 쥔다고 한다면, 그런 걱정은 내려놓아도 좋다. 악수를 너무 느슨하게 하면 상대방은 내가 자기에게 아무런 관심이 없고 심지어 적대감을 가지고 있다는 인상을 받는다. 너무 꽉 쥐는 경우엔 물론 힘겨루기를 알게 모르게 한다는 느낌을 줄 수도 있다. 그러니 잊지 말 것. 아무리 반갑더라도 상대방의 손은 적절히 쥐어야 한다는 것을.

미국인들이 사적인 거리를 무척 중시한다는 이야기를 했고 그 특유의 달변과 예의바른 인사들이 사적인 거리에 대한 인식에서 나온다고 앞서 이야기했지만, 사적인 거리를 너무 의식해서 얼굴이나 몸을 지나치게 멀찍이 두는 것도 예의에 어긋나는 인상을 주기 쉽다. 저 사람이 나를 싫어하나? 싶은 인상을 일부러 풍길 필요는 없는 것이다. 이는 물론 미국에서만 통용되는 몸짓은 아닐 것이다.

4. 빌 클린턴의 곤경: 거짓말은 어떻게 들키나?

어린 아이를 키워본 사람이라면 아이들이 거짓말을 하고나서 하는 몸짓 언어를 쉽게 간파할 것이다. 영어권 문화에서 거짓말은 입술의 표현을 통해서 쉽게 읽히는 걸로 흔히 이야기된다. 가령 어린 아이가 거짓말을 하고 나면? 그 아인 반드시 양 손으로 입술을 가릴 것이다. "어머, 어떡하지? 내가 거짓말을 해버렸네" 하는 심리가 그런 방식으로 드러나는 셈이다. 이러한 패턴은 비단 어린 아이 시절에만 국한되는 것은 아니어서 평생 비슷한 방식으로 계속된다. 다만 손을 얼굴에 대는 속도의 차이가 있을 뿐, 아이가 자라 청소년이 되면 양손으로 입을 가리던 것을 한 손으로 입에 가볍게 대는 정도에 그칠지도 모르겠다. 우리나라에서는 거짓말을 보여주는 대표적인 몸짓 언어로 눈을 깜박이며 머리를 긁적이는 행위가 흔히 이야기된다. 머리를 긁적이거나 다리를 떨거나 상대방의 눈을 맞추지 못하는 것, 이런 행동을 보이는 당신 앞의 누군가는 반드시 무엇을 숨기고 있다고 보면 된다.

그렇다면 어른은 어떨까? 어른은 훨씬 다양한 표정을 가지고 있다. 살아온 세월이 새겨 놓은 얼굴 주름이 많다는 점은 그만큼 무언가를 숨기는 일에도 노련할 수 있다는 것을 의미한다. 하지만 어른들 또한 거짓말을 완전히 숨기기란 불가능하다. 세상에서 제일 노련한 정치가로 살아온 여기 이 사람을 보자. 만약 누군가가 양 검지를 입술에 대고 곤혹스런 표정으로 쳐다본다면 필시 그 사람의 마음속은 진실과 거짓 사이를 재면서 한참 씨름 중이라고 보면 된다. 빌 클린턴이 모니카 르윈스키 추문 사건 때 대배심들 앞에서 보여준 사진들은 그 명확한 예가 될 수 있다. 얼굴을 조금 수그린 채 양손가락을 입술에 모으고 정면을 빤히 응시하는 그 얼굴은 떳떳하지 못한 사건의 한 가운데에서 진실을 말할 수도 없고 거짓을 말할 수도 없는 난처함 그 자체였다. 클린턴은 가끔 한 쪽 손을 턱에 괸 채 눈을 감고 생각에 잠기기도 한다. 과장되게 드러나는 단호한 몸짓 또한 그가 거짓말을 하고 있다는 증거이다. 곤혹함과 단호함 사이를 오가는 표정에서 배심원들은 진실과 거짓의 정도를 가늠한다. 어쩌면 여기서 클린턴 전 대통령은 말보다 몇 배 더 정직한 언어를 몸짓으로 보여주고 있는지도 모른다. (몸의 언어와는 조금 벗어나지만 때론 거짓말은 말의 속도에서 감지되기도 하며 긴장을 할 때 다리를 떠는 방식으로 긴장을 들키는 사람도 많다. 이는 비단 미국적인 문화의 몸짓 언어라기보다는 보다 보편적으로 통용되는 몸짓 언어일 것이다).

그렇다면 이런 질문은 어떨까? 몸짓 언어로도 상대방을 속일 수 있지 않을까? 몸짓 언어가 반드시 진실된 언어일 필요는 없으니 말이다. 무엇보다 인간은 자기 몸을 자유자재로 다룰 수 있는 뛰어난 뇌를 소유한 존재가 아닌가? 여기에도 흥미로운 실험이 있다. 대개 손바닥을 내밀면 자신이 숨길 게 없고 거리낄 게 없다고, 자신은 투명하다고 말하는 것으로 몸짓 언어가 해석된다. 하지만 관찰에 따르면 손바닥을 내밀면서 동시에 웃고 있으면 그것은 그 사람이 거짓말을 하고 있는 증거라 한다. 만약 그가 한쪽 눈썹을 위로 치켜뜨고 있거나 입술 한 쪽 끝이 올라가 있다면 이건 더욱 분명한 거짓의 증거다. 하지만 이런 예들에 대한 반응도 다른데, 남자들은 대개 이러한 통계의 유효성에 신뢰를 보내지만 여성들은 믿지 못하는 눈치다. 여성들이 몸짓 언어에 더 예민한 것은 그런 이유일까? 몇 가지 눈에 띄는 현상 외에 땀을 흘린다든가, 눈동자를 이리저리 굴린다든가, 뺨이 발그레해진다든가 하는 다른 표시들이 함께 따라온다면 여성들은 그제야 거짓에 확신을 가질 것이다.

어찌 되었든, 중요한 것은 이처럼 과장적으로 무언가를 숨기려 할 때의 몸짓 언어는 오래 지속되기 힘든 특징이 있다. 물론 이에 대한 예외도 있다. 가령 정치인들을 생각해보자. 정치인들은 누군가를 끊임없이 만나는 것이 일종의 직업인 사람들이다. 그렇기 때문에 누구를 만나도 5분을 만나든 10분을 만나든 그 사람에게 자신의 정치적 신념과 믿음에 대한 확신을 심어줘야 한다. 그래서 정치인들은 우리가 흔히 말하는 '가짜 미소'를 거의 항상 얼굴에 입히고 다닌다고 봐도 무방하다. 우리가 예전에 TV를 통해서 보았던 케네디나 히틀러 등의 경우를 두고 보더라도 몸짓 언어가 어느 정도는 사람들에게 가짜 환상을 심어 넣는 것이 가능하다. 다만, 오랜 시간 그것이 지속되어 더 많은 사람들을 속이려면 다른 층위의 어떤 설득력이나 환상이 필요할 것이다.

5. 손과 팔로 말하는 것들

앞에서 우리는 손으로 하는 몸짓 언어가 여러 다른 문화권에서 다르게 해석되는 차이들을 살펴보았다. 그렇다면 손을 통해서 소통 가능한 다양한 몸짓 언어를 좀 더 상세하게 알아보도록 하자. 미국에서 팔을 내리고 손바닥을 내보이는 행위는 대개 "나는 위험한 무기가 없으니 안심하시오."라는 뜻이다. 미국은 무기를 자유롭게 소지하는 나라이기 때문에 손에 무엇을 쥐고 있는가가 예측할 수 없는 관계에서 중요한 소통의 잣대가 된다. 그래서 손을 보여주는 행위는 그만큼 상대방의 마음을 사는 행위다. 물론 더 노골적인 몸의 언어는 팔을 올리고 항복하듯이 빈손을 내보이는 것이겠지만 통상 팔을 내린 채 빈손을 보일 때 그 의미는 "안심하세요. 우리 친구해요"라는 식의 허심탄회한 내려놓음이라고 봐도 무방하다. 물론 이 때에도 같은 동작으로 어깨를 으쓱하면서 눈을 찡긋한다면 "나는 아무렇게나 괜찮으니 알아서 하세요." "괜찮아요, 뭐든" 혹은 "나를 믿어도 좋습니다."라는 의미로 통용되기도 한다. 나를 열어 보인다는 뜻의 이러한 몸짓 언어는 사실상 가장 광범위하게 통용되는 맥락 속에서 거의 무의식적으로 쓰이기 때문에 의미를 신경 써서 알아차리고 말 새도 없이 지나가버리기도 한다.

또 이런 질문도 가능하다. 나는 손바닥을 내보이는 동작을 하면서 거짓말을 할 때도 있는데, 그러면 사람들이 내 거짓말을 알아차릴까? 물론 대답은 "예/아니오" 둘 다 가능할 것이다. 그런데 이런 경우에도 어떤 일정한 법칙이 존재한다기보다는 다른 부수적인 몸짓 언어들, 가령 얼굴 표정이나 입술 근육의 씰룩거림, 이마의 과도한 찡그림 등이 손이 미처 말하지 않거나 숨기는 진실을 들려주기도 한다. 말하자면 거짓말을 하는 몸짓 언어도 있기 때문에, 우리는 몸짓 언어의 진실을 여러 가지 채널을 이용하여 알아차려야 한다는 뜻이다.

손은 신체의 일부 중 말을 가장 많이 하는 기관이다. 정말 그렇다. 이런 예는 어떻게 해석될까? 손을 주머니에 넣고 마주하는 자세를 생각해보자. 손을 주머니에 넣는 행위, 특히 양손을 주머니에 넣는 행위는 자칫 비사교적으로 해석되기 쉽기 때문에 각별히 주의해야 한다. 누군가가 당신과 대화중에 이런 자세로 서 있다면, "난 이 대화에 별 관심이 없어요."라는 시큰둥한 속마음을 갖고 있다고 해석해도 무방하다. 그런데 가끔 이런 난처한 경우도 생긴다. 예전에 어떤 구직 인터뷰에서 내가 잘 아는 누군가가 손을 양손에 넣고 말을 한 적이 있었다. 물론 당사자는 겸손한 사람이었다. 첫 발표라서 너무너무 떨려서 자기가 손을 주머니에 넣은 줄도 모르고 있었던 것이다. 하지만 그러한 상황을 알 리 없는 분들은 앉아서 발표를 들으면서 속으로 부글부글 하셨을 것이다. 대뜸, "젊은 사람이 참 당돌하군. 아니 여기가 어디라고 이런 자리에서 손을 주머니에 넣다니!"라는 반응이 실제로 나왔다. 이런 경우가 몸짓 언어가 불러오는 참변에 가까운 오해이다. 물론 그 후보의 결과는 좋지 않았다. 그 때문에 몸짓 언어의 의미를 정말 잘 알려면 몸짓뿐만 아니라 다른 많은 것들을 부수적으로 해석할 수 있는 여유가 있어야 하는데, 사실 많은 경우 우리는 그렇지 못하고 그 때문에 몇몇 몸짓 언어는 우리의 의사와는 상관없이 관계에 큰 오해를 낳기도 하는 것이다. 하지만 어쩌겠는가. 다음에는 똑같은 실수를 반복하지 않도록 귀띔해주는 것이 나로선 최고로 가능한 선의였다.

손은 정말 말을 많이 한다. 친근함과 적대감, 안전과 안심, 불안, 확신과 사랑 등 이미 우리가 살펴본 손의 표현들만으로도 손이 얼마나 말을 많이 하는 신체 기관인지 확인이 되었다. 손을 통해 우리는 권력관계도 짐작해볼 수 있다. 이에 관해 역사적으로 가장 대표적인 예를 들 수 있는 것이 "하이 히틀러"로 상징되는 히틀러의 손이었다. 손바닥을 위로 하면 대개 위협을 제거한 친밀감의 표시라고 앞서 말했지만 손바닥을 아래로 손등을 보이는 것은 권위를 나타내는 예이다. 히틀러의 인사가 무엇보다 유명하고 영화 <대부> 연작 시리즈에서 갱단의 두목에게 인사를 오는 이들은 대개 무릎을 꿇고 대부의 손등에 입을 맞추었다. 당신의 권력과 권위에 절대적으로 복속하겠다는 의미다. 이처럼 손은 단독으로 보여주는 표현이요 몸짓이지만 관계 속에서 어떤 이야기를 만들어나가는 언어이기도 한 것이다.

때로 손가락 하나로 엄청난 세력을 과시하기도 한다. 검지만으로 지시를 내리는 것이 가능한 이유다. 검지를 수평으로 힘차게 가리키면, "당장 이걸 해"라는 명령도 가능하며, 어떤 의지를 천명하기 위해 정치가가 연설을 할 때 검지를 하늘로 향하는 동작을 취하기도 한다. 하지만 이런 태도는 일상적인 관계에서는 독재자로 비칠 염려가 있으므로 하지 않는 것이 좋다. 지금 시대에 당신의 검지를 받아줄 이가 어디에 있겠는가 말이다. 손가락으로 가리키는 게 습관이 된 사람은 손바닥을 위로 혹은 아래로 하는 방식으로 그처럼 독선적인 면이 드러나지 않도록 재차 연습하는 것도 한 방법이 되겠다. 조직에서 왕따가 되고 싶지 않다면 말이다.손은 관계 속에서 이야기를 만든다고 했는데, 그 가장 대표적인 예가 악수를 할 때이다. 악수는 남자들 사이에서 은근히 악력을 통해 자신의 세력을 과시하는 수단이 되기도 한다. 상대방의 손을 꽉 쥐는 악수는 한편으로는 신뢰의 표시이지만 동시에 "내가 이렇게 힘이 세니까 나를 무시하지 마십시오."라는 뜻이기도 하다. 다른 한편 너무 가볍거나 너무 센 악수에 대한 남녀의 해석이 다르다는 점도 생각해 봄직 하다. 남자들 사이에서는 별 거부감이 없는 정도의 악력으로 여성과 악수를 할 때, 그 여성은 상대방의 악력이 너무 세게 느껴져서 상대 남성이 폭력적이거나 권위적인 사람이라고 거부감을 느낄 가능성도 크니까 말이다. 그러므로 여성과 악수하는 남성들을 각별히 손을 쥐는 악력을 신경 쓸 필요가 있다. 쓸데없이 가부장적이거나 폭력적인 사람이라는 오해를 입지 않으려면 말이다.

악수를 할 때 특별히 친근감을 나타내고 싶다면 양손을 다 이용하는 것도 좋은 방법이다. 한 손으로 악수를 한 다음에 다른 한 손으로 서로 맞잡은 두 손을 감싸는 몸짓은 상당히 깊은 호의의 표시이다. 오랜만에 만난 그리운 사람에게 우리는 무의식적으로 손을 맞잡기도 하지만, 적극적인 관계 개선을 원할 때나 다정한 관계를 드러내고 싶을 때 호소력이 있는 악수법이라서 외교적으로도 종종 이용되는 몸짓

언어다. 물론, 이것도 상대방이 받아들일 준비가 되어 있지 않은, 거리감이 있는 사람이라면 진지하게 생각해본 다음에 실행에 옮길 일이다.

그렇다면 우리가 피해야 할 악수는 어떤 것이 있을까? 앞서 손이 으깨어질 듯 힘을 주는 악수, 혹은 민망하게 손을 빼는 악수 모두 바람직하지 못한 방식이라고 말을 했는데, 뻣뻣하게 손을 내미는 방식, 그리고 땀에 축축히 젖은 손으로 하는 악수 모두 좋지 않은 인상을 상대방에게 남길 것이다. 혼자 상대방의 어깨를 과장되게 감싸는 것도 권력의지를 드러내는 것으로 별로 보기 좋지 않다. 눈을 맞추면서 적절한 거리를 유지하고 적절한 신뢰가 담긴 힘의 균형을 공평하게 주고받는 것. 이러한 악수는 그 관계의 시작을 일단 순조롭게 한다고 봐도 무방할 것이다.

팔은 또 어떤 말을 하는가? 당신은 팔짱을 끼고 마주한 사람을 보면 어떤 생각이 드는가? 그건 일단 상대방을 받아들이지 않겠다는 완고함의 표현이기 쉽다. 내 영토에 침범하지 마시오라는 무언의 압력과 고집이 들어있는 자세이다. 주먹을 꽉 쥔 채 팔짱을 끼고 있다면 그러한 인상을 배가시킬 것이다. 더 흥미로운 자세로, 두 손을 바지 지퍼 위치에 대고 모으는 자세를 취하는 잘 이가 있다. 축구 경기에서 골대를 막아선 선수들을 말하는 것이 아니다. 일상에서 이런 자세를 취하는 이는 대개 자신의 나약함이나 어색함을 숨기려고 하는 보호본능이 작동한 결과다. 이런 자세를 취하는 사람 앞에 선다면 적어도 그 사람 내면의 어떤 부분을 읽고 기운을 북돋워주는 관계를 만들어낼 수 있을 것이다. 비슷한 예로 여성의 경우, 꽃을 두 손으로 들고 선 포즈를 취하는 경우도 있다. 심지어 어떤 이들은 구체적인 물건을 들고 이런 동작을 취해 서 있기도 하다. 이 경우에도 스스로를 보호하고 싶은 마음의 발로이므로 우리는 그런 동작을 취하는 이들에 대해서는 좀 더 세심하게 반응할 수 있을 것이다.

6. 글을 나가며: 몸짓, 말보다 힘이 센?

몸은 때로 사랑을 표현하는 가장 적극적인 언어다. 이를 증명하는 몸짓 언어는 글로 쓸 필요도 없겠다. 지긋이 바라보는 시선, 꼭 잡은 두 손, 마주 걸으며 서로 팔짱을 끼는 행위... 말이 필요 없는 사랑의 행위다. 그렇다면 소유권은 어떻게 표현될까? 두 남녀가 서 있다. 한 여성이 남성의 가슴에 손을 대고 있다면 그것은 어떤 의미일까? 남자의 가슴에 손을 얹는 여자는 남자의 가슴에 도장을 아로새기듯 사랑을 새기는 동작이다. 물건이나 사람 등 대상과 접촉하려는 심리는 바로 그 대상과 연결되고픈 갈망을 의미한다. 몸은 무의식적인 소유욕이나 표출되지 못한 욕망을 보여주는 신호가 되기도 한다. 가령, 습관적으로 문이나 벽에 손을 뻗쳐 삐딱하게 서는 사람이라면 우선 똑바로 서는 훈련을 할 필요가 있다. 왜냐하면 그런 사람은 대상에 대해 으르는 심리가 발동하기 쉽기 때문이다. 책상이나 의자에 다리를 얹는 행위도 소유권을 주장하는 몸짓 언어다.

몸은 때로 화난 사람들을 누그러뜨리기도 한다. 가령, 상대방보다 몸을 낮추어 나를 내려놓는 동작, 손바닥을 위로 하면서 팔을 내밀어 간절한 눈빛으로 상대방을 설득하려 할 때, 상대방을 향해 활짝 웃어줄 때, 몸은 말 이상의 의미로 상대방의 마음을 움직일 수 있다. 물론 이 모든 동작에는 집중과 진심이 담겨 있어야 한다. 이러한 몸짓 언어는 상대방을 간단히 무장해제 시킨다. 살면서 우리는 말보다 더 강한 몸짓 언어의 진실을 만난 적이 얼마나 많았던가? 간절한 사랑의 표현을 물론이며 화가 났을 때나 도저히 어찌할 수 없는 슬픔을 통과할 때 몸은 말보다 더 절절하게 그만의 어떤 움직임을 만든다. 그 움직임을 정직하게 직시할 때 우리는 상대방의 마음을 읽을 수 있다. 우리의 어떤 움직임이 또 누군가의 마음을 움직일 수 있다. 이런 식으로 몸과 마음은 서로 연결되어 있다. 그래서 몸이 닫히면 마음도 닫히고, 마음이 열리면 몸도 열린다. 그렇다면 몸도 하나의 재현의 언어가 될 수 있지 않은가?

언어가 완벽한 재현의 도구라고 사람들은 알고 있다. 하지만 미국의 시인 로버트 크릴리(Robert Creeley)는 「언어」("Language")라는 시에서 "말에는 너무나 많은 구멍이 있다"고 했다. "'난 너를 사랑해'를 눈과 이 사이 어딘가에 놓고 보라"고 시인은 명을 한다. "그 말을 다치지 않도록 살짝만 깨물어보라고." "난 너를 사랑해"라고 반복해서 말해보지만, 말을 하면 할수록 말에는 구멍이 가득 차 있어서 그것도 가슴 아픈 구멍이 가득 차 있어서 그만 말은 텅 빈 입이 되어 버린다. 시인의 입은 말을 하는 기관이지만 동시에 그 말의 텅 빈 구멍들을 보여주는 신체 기관이다. 말은 말로서 어떤 구멍을 만드는데, 몸짓 언어는 어쩌면 말들이 만들어내는 그 텅 빈 구멍을 메우는 언어다. 눈은 거짓을 말할 수 없다. 사랑하지 않는 사람을 계속 들여다볼 수는 없다. 그 눈길이 계속 [illegible] 수는 없다. [illegible] 순간과 외면하는 눈길로 마음은 그렇게 들키고 만다. 몸짓 언어를 읽는 일은 그래서 한 사회의 문화를 읽는 일이면서 동시에 한 사람 한 사람의 마음을 계속 읽어나가는 일이다. 가장 보편적이면서 개인의 특이성을 가장 잘 보여주는 개성 넘치는 언어가 몸짓 언어다. 오늘, 당신의 몸짓은 어떤 마음을 나누고 또 주었는가?

II 프랑스

2

인사부터 남다른 몸짓언어의 나라

임민지

이탈리아, 스페인과 더불어 프랑스는 몸짓을 가장 많이 사용하는 국가 중 하나로 분류된다고 한다. 실제로 프랑스인들과 대화를 할 경우 아무런 제스처 없이 말을 하는 사람을 찾아보기 힘들다. 오히려 풍부한 표정과 제스처로 인해 언어가 통하지 않아도 전반적인 분위기와 말하는 사람의 감정까지 대략적으로 파악할 수 있을 정도이다. 대화에 있어서 가장 기본이 되는 인사를 나눌 때에도 몸짓언어를 사용할 정도로 프랑스인에게 몸짓언어는 매우 중요한 역할을 한다.

프랑스의 몸짓언어가 지니는 대표적인 특징은 부정적인 의미를 지닌 제스처의 사용이다. 긍정적인 표현만큼이나 부정적인 표현도 거침없이 하는 프랑스에서는 대체로 부정적인 의미를 담은 몸짓언어가 더 다양하게 사용되는 편이다. 프랑스의 몸짓언어 중에서는 격식을 차리는 경우나 친밀한 사이에서 사용할 수 있는 일반적인 몸짓언어 외에도 다소 비하하는 의미나 속어의 의미를 나타낼 때 사용하는 제스처도 많이 있기 때문에 특정 몸짓을 사용할 때 많은 주의가 요구되기도 한다.

이렇듯 풍부한 몸짓언어를 자랑하는 프랑스이지만, 특별한 상황에서는 이를 자제해야 할 때도 있다. 격식을 차려야 하는 자리에서나 공식석상에서 너무 많은 제스처를 취할 경우 부정적으로 비춰질 수 있다. 다시 말해서 몸짓언어의 잘못된 사용은 매너에 대한 문제로도 이어질 수 있다. 가령 의자에 앉아있을 때 다리를 벌리고 앉아있거나 테이블 위에 팔꿈치를 올려놓고 있는 행동은 예의에 어긋나는 태도로, 상대방의 말을 경청하지 않는 듯한 인상을 줄 수 있다. 반면 다리를 꼬고 앉는 것은 다리를 벌리고 앉아 있는 것보다는 훨씬 더 예의를 갖추고 있는 자세로 여겨지기 때문에 다리를 벌리고 앉아있는 것보다는 더 나은 인상을 줄 가능성이 있다.

젊은 세대로 갈수록 몸짓언어를 많이 사용하지 않는 실정이지만, 앞서 말한 것처럼 몸짓은 대화매너와도 직결되는 문제이기 때문에 프랑스의 기본적인 몸짓언어를 익혀둔다면 자유로운 의사 표현을 즐겨하면서도 매너를 중시하는 프랑스 문화를 이해하는 데 많은 도움이 되리라 생각된다.

1. 인사 : '비즈(bises)'

위에서 말했듯 프랑스에서는 가장 기본적인 인사부터 남다른 몸짓언어로 이루어진다. 프랑스인들의 독특한 인사법을 '비즈(bises)'라고 일컫는데, 우리나라 말로 하자면 '볼에 하는 키스' 정도로 표현하는 것이 적합할 듯하다. 아이들이나 청소년들은 '비즈' 대신 '비주(bisous)'라고도 말하기도 한다. 친구 혹은 어느 정도 친밀감을 유지하고 있는 사람들 사이에서 행해지는 비즈는 만나거나 헤어질 때 양 볼을 번갈아 맞대며 뽀뽀하듯 '쪽' 소리를 낸다. 프랑스인에게는 친밀함을 표시하는 스킨십이지만 이러한 인사법을 접하고 놀라거나 적잖은 충격을 받는 아시아인들이 있을 정도이다. 양 볼을 번갈아가며 맞대는 횟수는 지역에 따라 다르다. 지방으로 갈수록 횟수가 늘어나는 편이다. 예를 들어, 프로방스(Provence)의 경우 총 세 번, 낭트(Nante)에서는 총 네 번 정도 비즈를 한다. 때로는 지역에 상관없이 반가운 마음에 여러 번 비즈를 하는 경우도 있지만, 대체로 두 번 하는 것이 가장 일반적이다.

비즈는 보통 남자와 여자, 여자와 여자가 만났을 때 이루어지며, 남자와 남자가 비즈로 인사를 하는 경우는 연령대가 높은 사람들 사이에서나, 어른과 아이가 인사를 나눌 때이다. 젊은 남자들 사이에서는 주로 악수를 하고 때에 따라서는 비즈를 하기도 한다. 악수를 할 때도 상대와 맞잡은 손을 여러 번 흔들기보다는 대체로 한 번 정도 위에서 아래로 가볍게 내려준다.

2. 신체기관별 몸짓언어

2.1. 손의 사용

프랑스의 몸짓언어 중에서 손을 사용하는 몸짓언어가 가장 많은 비중을 차지한다. 프랑스인과 대화를 할 때 주의 깊게 살펴보면 다른 신체기관보다도 특히 손을 가장 많이 움직이는 것을 쉽게 알아챌 수 있을 것이다.

숫자 세기

프랑스에서는 손가락으로 숫자 1, 2, 3을 셀 때 엄지, 검지, 중지를 이용한다. 손가락을 하나하나 접어가며 숫자를 표현하는 우리나라와는 달리 프랑스에서는 주먹을 쥔 채로 손가락을 하나씩 펼치는 것이 특징이다. 특히 숫자 4를 셀 때 엄지만 접어서 표현하는 우리나라와는 다르게 프랑스에서는 약지만 접고 나머지 손가락을 모두 펼쳐준다. 또한 손가락으로 숫자를 셀 때는 손바닥이 자기 자신을 향하게 한다. 숫자 0을 표현할 때에는 다섯 손가락으로 동그라미를 만들어준다.

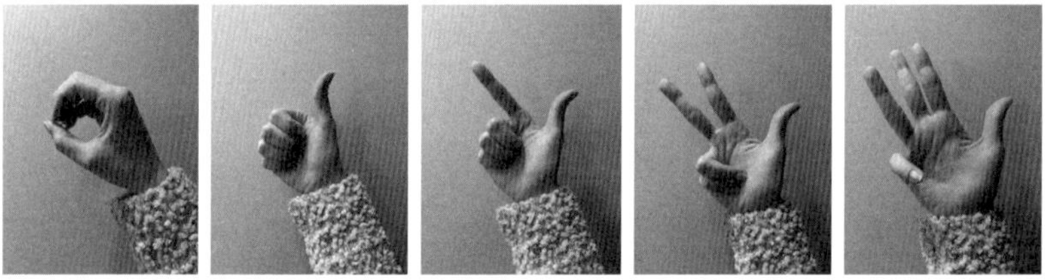

0 1 2 3 4

"좋습니다!", "훌륭합니다!"(Parfait!, 빠르페)

일이 잘 진행되었거나 상대방이 제안한 사항이 매우 마음에 들 때 이 제스처를 사용한다. 우리나라에서 'OK'를 표현할 때처럼 엄지와 검지로 동그라미를 만들어주고 나머지 손가락은 모두 펼친다. 사람에 따라서는 주먹을 쥔 채로 엄지만 올려 표현하는 경우도 있다. 이 몸짓 언어는 때때로 상황 혹은 말하는 사람에 따라 "아무것도 없다, 무가치하다(zéro, rien)"는 의미로 사용하기도 하기 때문에 대화 상황에 따라 잘 파악해야한다.

"대략", "거의"(A peu près, 아 쁘 프레 / comme ci comme ça, 꼼 씨 꼼 싸)

다섯 손가락을 편 채로 손등을 위로 향하게 하여 두 번에서 세 번 정도 좌우로 흔들어준다. 이 제스처는 시간, 거리 등과 같은 양이나 정도에 관련된 개념과 관련하여 정확하지 않은 수를 표현할 때 많이 사용된다. 예를 들어, "여기까지 오는 데 시간이 얼마나 걸렸어?"라는 질문을 하면, 이 손짓을 하면서 "5분 정도?" 등으로 대답할 수 있다. 또한 '그럭저럭'의 의미를 전달하고자할 때도 이 제스처를 사용하기도 한다. 가령 "시험 잘 봤니?"라고 상대가 물었을 경우 "그럭저럭 봤어"라고 대답하고 싶을 때에는 이 몸짓언어를 함께 해준다. 흔히 '싸데팡(ça dépend; 경우에 따라 다르다)의 나라'라고 부를 정도로, 프랑스 사람들은 때때로 이해하기 힘들 정도로 애매모호하거나 불확실한 정보를 제공하는 경우가 많다. 그러한 의미에서 이 몸짓언어는 프랑스인들의 이러한 성향을 잘 드러내주는 몸짓언어 중 하나라고 할 수 있으며, 실제로 실생활에서 상당히 많이 목격할 수 있는 몸짓언어다.

"됐습니다."(Ah non!, 아 농!)

한 손의 손바닥이 상대방을 향하게 하여 들어준다. 거절 의사를 표현하거나 상대방의 의견에 반대할 때 사용되는 몸짓언어이다. 상대방의 말이나 행동을 멈추게 하고 싶은 때에는 "그만"의 의미로 사용될 수 있는데, 이때에는 "스톱(stop)"이라는 말과 함께 하기도 한다.

"더 이상 얘기하지 마라. 끝났어."(C'est fini, 쎄 피니)

손을 편 채로 양 손바닥을 아래로 향하게 하여 가슴 앞에서 두 손을 교차시켰다가 바깥으로 움직여준다. 이 제스처는 상대방이 더 이상 특정 주제에 대해서 이야기하지 않도록 확실하게 대화의 흐름을 끊어줄 때 사용한다.

"결정됐어. 끝난 일이야."(C'est décidé, 쎄 데씨데)

위의 몸짓언어와 비슷한 의미의 몸짓언어로, 어떠한 일을 확고하게 끝맺고자 할 때 사용한다. 손을 편 채로 수직으로 세워 손날을 아래로 향하게 한 후 칼로 내리치듯 한 번 내려준다.

'싸데팡'을 즐겨 말하는 프랑스 사람들이지만, 거절 의사를 밝히거나 반대 의견을 제시할 때는 그 어느 때보다 더욱 더 냉정하고 단호하게 의사 표시를 한다. 위의 세 가지 몸짓언어는 프랑스인들의 그러한 성향을 가장 잘 드러내는 몸짓언어라고 할 수 있다.

"거참, 되게 시끄럽네."(blabla, 블라블라)

새의 주둥아리를 표현하듯 손으로 입모양을 만들어준 후 엄지와 나머지 네 손가락을 맞붙였다가 떼기를 반복한다. 이 때 손은 떠들어대는 상대나 제삼자를 향하게 한다. 이 몸짓언어는 경멸적인 의미를 담고 있기 때문에 사용할 때에 특별한 주의가 요구된다.

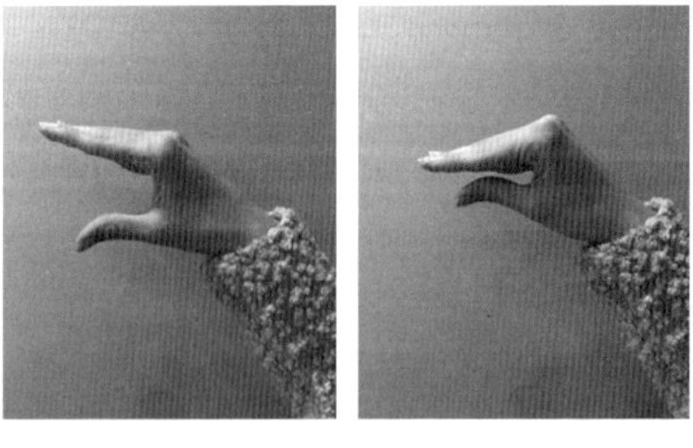

"비싸다."(Du fric, 뒤 프릭)

돈에 대해 말하거나 비싼 것에 대해서 말할 때 손가락들을 모아둔 상태에서 엄지로 검지에서 약지까지 쓸어준다. 말없이 이 제스처 자체만으로 의미 전달이 가능하다. 이 제스처 또한 속어처럼 사용되기 때문에 격식을 차려야 하는 자리에서는 사용하지 않도록 주의해야한다.

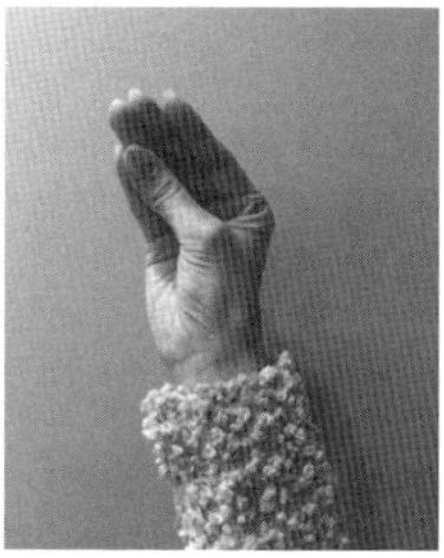

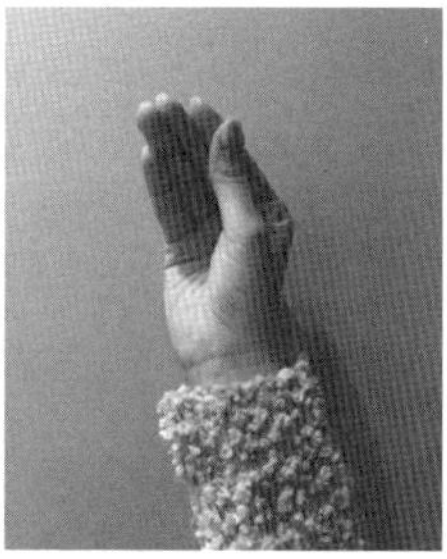

손을 이용한 몸짓언어 중에서도 특히 검지를 이용한 몸짓언어는 그 종류가 다양하다. 검지의 위치, 각도, 움직이는 방향에 따라 전달되는 의미가 달라질 수 있기 때문에 사용에 주의해야 한다.

카페, 레스토랑에서 사람을 부르거나 수업시간에 질문할 때

흔히 우리나라에서는 주먹을 쥐거나 손을 펼친 채로 팔을 높이 드는 반면, 프랑스에서는 주먹을 쥔 채 검지만을 펼쳐 다른 사람들의 이목을 집중시킨다. 이러한 몸짓언어는 프랑스뿐만 아니라 다른 유럽 국가들 혹은 미국에서도 찾아볼 수 있다. 손의 높이는 어깨 정도가 적당하며, 먼 거리에 있는 사람을 부르기 위해서 손을 더 높기 들기도 한다. 손을 들고 상대를 부르고자 할 때는 대체로 '무씨유(monsieur; 남성에 대한 존칭)' 혹은 '마담(madame; 여성에 대한 존칭)'이라고 말한다.

"쉿!", "조용히 하세요!"(Chut!, 쉬뜨!)

숫자 1을 표현하듯 검지만 펴준다. 우리나라에서 하는 것처럼 손가락을 입 가까이에 갖다 대기도 한다. 검지만 올리는 이 동작은 상대방을 주목하게 하거나 상대방에게 경고, 주의를 줄 때에도 사용되며, "주목!", "주의하세요!"라는 의미의 프랑스어 "아떵씨옹!(attention!)"을 함께 말한다.

"아니라니까, 내 말이 맞아."(Mais si, je vous assure! 매 씨, 쥬 부 자쒸르!)

숫자 1을 나타내듯 검지를 세우고 한쪽으로(몸의 바깥쪽으로) 살짝 기울인다. 손가락과 함께 고개도 함께 기울여주기도 한다. 상대가 반대 의견을 표하는 것에 대해 반박할 때 사용한다. 위의 두 가지 몸짓언어와 헷갈릴 수 있으니 주의해야 한다.

"거봐, 내 말이 맞잖아."(Tu vois, je te l'avais dit! 뛰 부아, 쥬 뜨 라베 디)

손바닥을 위로 향하게 한 채로 아래에서 위로 가볍게 올린다. 프랑스인들이 많이 사용하는 대표적인 몸짓언어 중 하나다. 위의 몸짓언어와 더불어 이 몸짓언어는 자신의 의견을 끝까지 피력하며 강하게 주장하는 프랑스인들의 대표적인 성향을 잘 드러내고 있다.

"골치 아프다."(aïe, aïe, aïe, 아이 아이 아이)

짜증나거나 골치 아픈 일을 맞닥뜨렸을 때 불쾌함을 표시하기 위해 프랑스인들이 가장 많이 쓰는 동작이다. 손바닥을 아래로 향하게 비스듬히 들어서 좌우로 흔들어 준다. 특정한 사람을 가리켜 쓴다기보다는 어떠한 상황에 대해 느끼는 짜증을 표현하기 위해 쓰는 경우가 많다. 친밀한 사이에서 이루어지는 대화에서 주로 사용된다.

"잘되길 빌어!"(Pourvu que ça marche!, 뿌르뷔 끄 싸 마르슈)

미국이나 유럽의 영화나 드라마에서 흔히 볼 수 있는 손짓으로, 검지와 중지를 꼬아준다. 그런데 프랑스에서는 이 제스처를 조금 독특하게 사용하기도 한다. 상대를 위해 행운을 빌어주는 동작이지만, 재치 있게, 조금은 비꼬듯 말하기를 즐겨하는 프랑스에서는 "잘 될 리가 없지"라는 식의 말을 하면서도 손을 꼬아 모양을 만들어 준 후 등 뒤에 감춘다. 말로는 상대에게 악담을 하는 것처럼 보이지만 실제로는 행운을 빌어주고 있다는 의미다.

2.2. 머리의 사용

프랑스의 몸짓언어 중 머리를 이용한 몸짓언어는 대체로 부정적인 의미나 경멸의 의미를 지니고 있기 때문에 주의해서 사용해야 한다.

"지겨워."(J'en ai ras le bol, 져 네 하 르 볼)

지긋지긋하거나 넌덜머리가 날 때 하는 몸짓언어로, 경례하듯 손을 관자놀이 옆에 대고 뒤통수 쪽으로 움직인다. 말을 함께 하기보다는 한숨을 쉬며 감탄사 "올랄라(Oh là là)"를 함께 말하는 경우가 많다.

손을 뒤통수 쪽이 아닌 땀을 닦아주듯 옆쪽(바깥쪽)으로 움직여주며 '휘'하는 소리를 내줄 경우 안도의 의미로 표현될 수 있기 때문에 헷갈릴 수도 있겠지만, 대화 문맥과 상황에 따라 쉽게 구분할 수 있다.

"짜증나."(Ça m'énerve!, 싸 메네르브)

마치 머리를 감싸듯 손을 머리 양 옆에 두는 제스처로, 스트레스를 받거나 짜증나는 상황에서 사용한다. 때로는 "아" 하는 소리를 함께 내주기도 한다. 주고받는 대화의 정확한 의미를 모른다고 할지라도 누군가가 이러한 몸짓을 한다면 쉽게 이해할 수 있을 것이다.

"미쳤어,"(fou, 푸)

관자놀이 옆에서 검지로 빙빙 돌려주며 표현하는 우리나라와는 다르게 프랑스에서는 검지를 관자놀이 옆에 두고 두 번 정도 앞뒤로 돌려준다. 주로 제 삼자를 부정적으로 묘사할 때 사용하며, 경멸의 의미를 담고 있기 때문에 이 제스처를 할 때 각별한 주의가 필요하다.

머리를 이용한 몸짓언어가 모두 부정적인 의미만을 담고 있는 것은 아니다. 그 예로 프랑스에서는 영리함, 총명함을 표현하고자 할 때 이마 중간 부분을 검지로 가볍게 두드려준다. 그런데 우리나라에서는 이 제스처를 상대에게 사용하면 그 사람을 비하하거나 얕잡아보는 것처럼 보이는 경우가 있다. 이러한 의미의 차이를 이해하고 오해하지 않도록 조심해야할 것이다.

2.3. 그 외 신체기관을 이용한 몸짓언어

눈, 코, 입, 어깨 등을 이용한 몸짓언어는 손이나 머리를 이용한 몸짓언어보다 그 수가 적은 편이지만, 독특한 제스처를 찾아볼 수 있어 꽤나 흥미롭다.

"내가 다 알아. 거짓말하지 마라."(Mon oeil, 모 뇌이)

검지로 한 쪽 눈 밑을 잡고 밑으로 내린다. 눈으로 모든 것을 보고 있다는 것을 직설적으로 표현한 제스처라고 할 수 있다. 우리나라에서는 이러한 제스처와 함께 혓바닥을 내밀면 상대를 놀리는 의미로 전달될 수 있기 때문에 잘못 사용할 경우 오해를 불러일으킬 수도 있다. 속어처럼 사용되는 몸짓언어이기 때문에 주의하여 사용하여야 할 것이다.

"술에 취하다."(ivre)

한 손으로 동그랗게 고리를 만들어 코에 대고 돌리는 시늉을 한다. 우리나라의 "코가 비뚤어지게 마시다"라는 표현을 그대로 몸짓으로 옮겨놓은듯한 몸짓언어다. 이 또한 아주 친밀한 사이에서만 사용할 수 있는 속어와 같은 몸짓언어이기 때문에 대화 상대와 상황 등을 신중하게 고려하여 사용해야 한다.

"술 마시다."(On boit, 옹 부아)

술을 마시고 있는 모습을 나타내거나 술을 마시러 가자고 제안하는 등 술을 마시는 상황에 대한 표현을 할 때 사용되는 몸짓언어다. 팔을 직각으로 세운 후 마치 주전자의 주둥이처럼 주먹을 쥔 상태에서 엄지만 편 채로 입 가까이에 가져가고 입을 벌려 술을 마시는 흉내를 낸다. 친하고 허물없는 사이에서만 사용될 수 있는 몸짓언어로, 우리나라에서는 술잔을 손으로 표현하는 것과는 달리 이 몸짓언어에서는 술을 마시는 행위 자체가 더 부각되는 것이 특징이다.

"입 다물어!"(Ferme-la!, 페르므 라!)

입을 굳게 다문 채로 지퍼를 잠그듯이 엄지와 검지를 맞붙여 입을 잠그는 시늉을 한다. 앞서 제시한 검지를 이용한 몸짓언어(쉿!)보다 훨씬 더 경멸과 비하의 의미를 많이 담고 있는 몸짓언어이기 때문에 함부로 사용하지 않도록 주의해야 한다.

"지루하다."(La barbe, 라 바르브)

지루한 표정과 함께 손등으로 볼 아래쪽을 빠르게 문지른다. 턱에 수염이 날 정도로 지루하다는 모습을 재현한 듯하다. 자주 사용되지는 않지만, 독특한 표현과 프랑스의 재치를 엿볼 수 있는 흥미로운 몸짓언어라고 할 수 있다.

"그냥 그래", "아무거나"(Bof! 보프)

무관심을 나타내거나 상관없다는 의미의 의사를 표현할 때 쓰는 몸짓언어다. 어깨만 힘없이 살짝 으쓱해준다. 이 때 눈썹은 올려주고 양쪽 입 꼬리를 축 처지게 내린다. 프랑스인과의 대화에서 매우 흔히 찾아볼 수 있는 이 제스처는 무심하고 체념한 듯한 프랑스인의 대표적인 성향을 가장 잘 드러내는 몸짓언어 중 하나이다. 예를 들어, 친구와의 대화에서 "영화 어땠어?"라고 물었을 때, 이 몸짓언어를 사용하면 "그냥 그랬어."라는 표현이 될 수 있으며, "점심 뭐 먹을래?"라고 물었을 때, 이 제스처를 취하면 "아무거나 상관없어."라는 의미로 비춰질 수 있다.

어깨를 으쓱하며 양 손을 모두 함께 올려주면 "내 잘못이 아니다", "내가 할 수 있는 것이 없다" "어쩔 도리가 없다", "나는 모르겠다."의 의미로 쓰인다. 이 또한 프랑스의 전형적인 성향을 나타내는 몸짓언어로, 실생활에서 상당히 많이 찾아볼 수 있다.

지금까지 살펴본 것처럼, 프랑스의 몸짓언어의 상당수가 단호함, 냉정함, 시니컬함을 담고 있어 때로는 부정적인 인상을 풍기거나 조금은 지나친 듯한 느낌을 자아내기도 한다. 그러나 이와 같은 몸짓언어의 의미, 표현 방법 등을 잘 살펴보면 프랑스만의 재치와 농담, 자유분방한 분위기를 엿볼 수 있으며, 부정적인 상황도 위트 있게 넘기는 프랑스의 독특한 성향도 확인할 수 있다. 더불어 거침없이 자신의 생각을 표현하고 상대에게도 서슴없이 '돌직구'를 날릴 수 있는 프랑스인의 도도한 모습은 아주 친밀한 사이에서 속어처럼 사용되는 몸짓언어에 고스란히 담겨져 있다. 무엇보다도 때로는 체념한 듯하고 때로는 무심한 듯한 분위기를 자아내는 몸짓언어에서는 "인생이란 그런 것이다!"(C'est la vie)는 프랑스 특유의 인생철학까지 느껴진다. 이러한 의미에서 프랑스의 몸짓언어는 단순한 의사소통을 위한 수단을 넘어서서 프랑스의 삶과 문화 그 자체라고 해도 과언이 아닐 것이다.

III 독일

3

가장 '독일적인' 제스처들

김형래

1. 들어가며

과연 독일인들만이 사용하는 제스처, 정말 독일적인 제스처가 있을까? 사실 이러한 질문이 성립하기 위해서는 독일적인 것이 무엇인가라는 질문이 선행되어야 한다. 2016년 3월 1일 마침 독일 방송국 베데에르(WDR)는 <독일적인 것은 무엇인가? Was ist deutsch?>라는 방송을 방영했다. 이 방송은 'Made in Germany'로 생산된 상품들이 정말 독일 것인지, 독일인만의 미덕이 무엇인지, 독일인만의 생활태도에는 어떤 것이 있는지, 독일적인 독일어가 있는 것인지, 독일인만의 외모가 있는 것인지, 그리고 마지막으로 독일인만의 유전자라는 것이 있는지를 실험해 보았다. 결론적으로 말하자면 독일인만의 생활태도나 미덕, 예를 들면 정확함, 청결함, 근면함, 질서의식 등은 완전하지는 않지만 상당부분 있는 것으로 나타났다. 그러나 백퍼센트 독일 제품은 없으며 독일적인 독일어도 존재하지 않을 뿐만 아니라 독일인만의 외모나 유전자도 존재하지 않는다는 사실이 실험과 연구를 통해 밝혀졌다. 이러한 실험 결과에도 불구하고 여전히 독일적인 제스처란 것이 있지 않을까 라는 생각을 하지 않을 수 없다. 왜냐하면 위와 같은 결과는 태생적으로 독일적인 것은 없지만 후천적으로 형성된 독일적인 것은 어느 정도 있다는 사실을 보여주기 때문이다. 즉 이러한 결론은 독일적인 것은 '없지만 있다'는 모순적인 주장처럼 보이기 때문이다.

한편 몇 년 전 독일 언론에서 일련의 독일 학자들이 '제스처의 문법(Grammatik der Gesten)'을 연구한다는 기사를 보았다. 그들의 가설에 의하면 언어가 각 나라, 각 지역마다 다르듯이 제스처 역시 각 나라, 각 지역마다 다르다는 것이다. 따라서 언어가 각기 고유의 문법을 가지고 있듯이 제스처 역시 고유의 문법을 가지고 있다는 것이다. 이러한 가설은 각 나라마다 서로 다른 수화 체계를 가지고 있다는 사실로부터 유추할 수 있다. 하지만 안타깝게도 그 연구의 최종 결과에 대해서는 들은 바가 없다. 그러나 한 나라 안에서도 다양한 방언이 존재하듯 제스체도 나라마다 각기 고유의 문법을 가지고 있을 거라는 추측은 가능하다. 그럼에도 불구하고 제스처가 언어만큼 상이한 체계를 가지고 있을까 하는 의문이 들 수밖에 없다. 왜냐하면 상당히 많은 제스처들이 여러 나라에서 유사한 의미로 소통되기 때문이다. 이 책에서 제시된 제스처들이 그러한 사실을 증명한다. 상당히 많은 제스처들이 서로 유사한 의미를 가지고 있으며 국적에 상관없이 소통될 수 있다. 그 이유는 무엇일까? 그 이유는 어쩌면 우리가 어느 한 나라의 국민이기 전에 전 인류 중 한 사람이기 때문일 것이다.

그럼에도 불구하고 독자들이 여기에 소개된 제스처들을 통해 독일적인 것이 무엇인지 알게 됨으로써 독일인들과 공감하고 조금이나마 그들을 이해하는 데 도움이 되기를 바란다.

2. 독일의 제스처

'아주 좋다.'

엄지손가락을 치켜 올리는 동작은 독일, 미국, 한국에서는 '아주 좋다'라는 의미로 이해된다. 다른 많은 나라들에서는 길거리에서 히치하이킹을 할 때 하는 손동작이기도 하다. 이스라엘에서는 매춘부들이 호객행위를 할 때 이 손동작을 취한다. 지중해 국가들에서는 성관계를 요구할 때 이 동작을 사용하기도 한다. 반면 일본에서는 숫자 '다섯'을 의미하기도 하고 '절친'이라는 뜻을 갖기도 한다.

'굿 럭'

검지와 중지 사이에 엄지손가락을 끼운 손동작은 독일에서 서로 행운을 빌어줄 때 사용된다. 그러나 그리스, 터키, 일본에서는 여성의 성기를 나타낸다.

'오케이' 혹은 '항문'

엄지와 검지로 원을 그리는 손동작은 독일, 프랑스, 미국과 스칸디나비아에서 이중적인 의미를 갖는다. 보통 '오케이, 좋아'를 의미하지만, 운전자들 사이에서 다툼이 있을 때 '항문'이라는 의미로 쓰인다. 특히 그리스, 러시아, 터키에서는 몸에 난 구멍(항문 등)을 의미하는 것으로서 외설적인 의미를 갖는다. 반면 벨기에, 프랑스, 튀니지에서는 '제로'나 '가치 없음'을 의미한다.

'위협이나 경고'

주먹으로 손을 내려치는 동작은 독일에서는 '곧 일이 터진다.'라는 의미로 위협이나 경고의 뜻을 담고 있다. 아랍 지역에서는 성관계로의 초대를 뜻하는 상스러운 동작으로 이해된다. 서부 아프리카와 일본에서는 '동의한다!, 그렇게 하자.'라는 의미로 쓰여서 복잡한 교섭에서는 가급적 사용하지 않는 것이 좋다.

'천천히 해'

손바닥을 아래로 하고 손을 위아래로 흔드는 동작은 독일 사람들과 잠수부들의 암호에 따르면 '천천히 해'라는 의미를 갖는 동작이다. 동남아시아, 라틴아메리카에서는 '이리 와'라는 의미를 가지며, 반면에 네덜란드에서는 '저리 가'를 의미한다.

'미쳤다, 머리가 돌았다.'

검지를 이마에 갖다 대는 동작은 독일에서는 '미쳤다, 머리가 돌았다'라는 의미를 갖는 손동작이다. 미국과 루마니아에서는 좋은 아이디어나 체스에서의 영리한 한 수에 대한 감탄을 나타낸다.

'승리' 또는 '맥주 두 잔'

검지와 중지로 'V' 표시를 하는 손동작은 일반적으로 손바닥이 밖을 향하든 안을 향하든, '승리'의 'V'를 의미하거나 '평화'를 의미한다. 하지만 독일에서 이 손동작은 손바닥이 밖을 향할 때는 '승리'를 의미하지만, 손바닥이 안을 향할 때는 특히 술집에서는 '맥주 두 잔'을 주문할 때 사용한다. 영국과 오스트리아, 뉴질랜드에서도 손바닥이 밖을 향하느냐 안을 향하느냐는 아주 큰 차이를 만든다. 손바닥이 밖을 향하면 독일에서와 마찬가지로 '승리'를 의미하지만 손등이 밖을 향할 경우 중지를 치켜세우는 것과 같은 의미(욕)가 된다. 일본, 중국, 한국에서는 특히 청소년이나 어린이들이 사진을 찍을 때 쓰는, 특별한 의미가 부여되지 않는 동작이기도 하다.

'전화기'

전화기 모양의 손동작은 재미있는 오해들을 유발할 수 있다. 독일, 미국, 서부아프리카에서는 '전화기'를 의미하지만, 이태리에서는 '우리 한잔 하러 가자!'를 뜻하기도 하고, 하와이의 서핑 하는 사람들 사이에서는 서로를 반길 때 쓰는 동작이다.

'정말 불쾌해'

꽃봉오리처럼 손가락을 오므려 위로 향하게 하는 손동작은 확실한 불쾌감을 드러내는 이태리의 전형적인 손동작이다. 독일에서도 비슷한 의미로 사용되고 있다. 터키나 루마니아에서는 좋은 품질에 대한 인정으로, 이집트에서는 '잠시 만요'라는 의미로 쓰인다.

'싫어'

손을 뻗어 엄지를 밑으로 가르키는 동작은 '거절'이나 '거부'를 표현할 때 사용하는 동작이다.

'중립'

손을 내밀어 엄지를 수평으로 눕히는 동작은 우유부단함이나 중립을 표현하는 동작이다.

'축복'

신자의 이마 위에 십자가를 그리는 행위는 기독교인들 사이에서 '축복'을 기원한다는 의미를 갖는다.

'나는 생각 중'

검지를 수직으로 하여 코에 대는 동작은 '나는 지금 생각하고 있어'

라고 말하는 것이다.

'조용히 해'

검지를 '나' 또는 '타인'의 입술 위에 올려놓은 행위는 조용히 하라는 의미이거나 또는 비밀을 지키라는 의미이다.

'미친 거 아니야'

검지로 이마 또는 관자놀이를 두드리는 동작은 독일에서 누군가를 바보나 미친 사람이라고 표현하는 행위다.

'구역질 나!'

검지를 크게 벌린 입에 집어넣는 행위는 어떤 행동이나 물건, 또는 사람에 대한 혐오를 표현하는 것으로 구역질하는 모습을 나타낸다.

'부끄러워!'

검지 끝을 입에 갖다 대는 동작은 생각한다는 의미이거나 또는 부끄러움이나 당혹스러움을 나타낸다. 특히 혼난 뒤 어린이들이 많이 하는 행위이다.

'멋져, 좋아.'

주먹을 쥔 상태로 엄지와 새끼손가락을 뻗어내는 동작은 샤카(Shaka) 동작으로서 하와이와 그 곳의 서퍼들에게 필요한 손동작이다. 이것은 다양한 경우에 사용되는데, "멋져!", "살살해~", "괜찮아!", "파도가 좋아."등을 의미한다. 윈드 서퍼들에게는 하나의 인사로 널리 퍼져있으며 "행 루즈(Hang Loose)"라고도 한다. 44대 미국 대통령 오바마는 하와이의 의원들을 반기며 이 손동작을 취했다.

“행 루즈” 동작은 독일에서도 사용되는 손동작이다. 이 손동작은 대중매체에서 금지하는 동작이지만 독일의 힙합 음악가 메갈로(Megaloh)를 패러디할 때 사용하면서 널리 알려졌다. “마르쿠스 란츠(Markus Lanz)”라는 독일 방송 프로그램에서 2013년 3월 18일 손님으로 온 카이 플라우메(Kay Pflaume)는 메갈로의 아카펠라 연주에 대해 이 손동작으로 존경을 표했던 것이다. 2015년 현재는 독일의 젊은이들 사이에서 인사의 표현으로서 인기가 많은 동작이다.

‘마셔!’

주먹을 쥔 상태로 엄지와 새끼손가락을 뻗어내는 동작을 한 다음 엄지를 입술에 대고 위 아래로 흔드는 동작은 음료를 마시는 동작을 흉내 내는 것이다. “마셔!” 또는 “마시자!” 라고 말하는 것과 같다.

‘돈이 좀 들어’

엄지를 검지와 중지 손가락에 비비는 동작은 돈을 세는 동작이다. 또는 어떤 용무가 돈과 관련 있음을(비용이 드는 문제임을) 표현하는 동작이다.

‘축복을 빕니다!’

엄지와 검지, 중지를 위로 뻗은 동작은 기독교에서 신자에게 축복을 비는 동작이다.

‘얼레리꼴레리!’

엄지를 코끝에 대고 나머지 새끼손가락은 밖으로 뻗은 채로 나머지 손가락은 접는 손동작은 상대를 놀리는 동작이다. “얼레리꼴레리!” 또는 “속았지!” 라는 의미를 갖는다. 더 강하게 표현하기 위해서는 첫 번째 손에 이어서 나머지 한 손으로 같은 동작을 취하면 된다. 주로 어린아이들이 즐겨 한다.

'넌 죽었어.'

한 팔을 몸 앞으로 쭉 뻗고 엄지와 검지를 펴고 검지로는 누군가를 겨냥하고 권총을 쏘듯이 반동을 주는 동작은 총살을 상징한다.

'넌 죽었어.'

검지나 엄지로 목을 가로로 그으며 상대와 눈을 맞추는 동작은 죽음을 의미하는 목의 절단을 상징한다. 또는 어떤 행동의 즉각적인 처리나 위협을 의미하기도 한다.

'너 나랑 친하지.'

한 손가락으로 부드럽게 상대의 코끝을 건드리는 행위는 친밀감을 나타내는 동작이다.

'인용 부호.'

어깨 높이로 두 손을 들고 양손의 검지와 중지를 동시에 구부렸다 펴는 행위는 인용부호를 상징한다. 예를 들어 무엇을 인용하며 흉내 낼 때 쓰인다. 북미에서 더 많이 쓰이는 동작이다.

'빨리 와!' 혹은 '선생님, 저요!'

엄지와 중지를 마주쳐 소리를 내며 손을 높이 드는 동작은 빨리 오라는 명령의 의미를 가지고 있다. 오늘 날은 무례한 행동으로 간주되기도 한다. 혹은 학생들이 선생님의 주목을 받기 위해 (또는 대답을 하기 위해) 하는 동작이다.

'성교'

검지와 엄지로 원을 만들고 다른 손의 검지를 그 원 안에 집어넣거나 손바닥으로 다른 손의 주먹 끝을 여러 번 때리는 동작은 성교를 나타내는 것으로서 상스러운 욕이다.

'먹자!'

검지와 중지, 엄지를 맞대고 여러 번 동그랗게 비비면서 입으로 가져가는 동작은 음식 섭취를 나타내는 것으로, 예컨대 '밥 먹자' 라든가 '밥 먹고 있어' 라는 의미를 갖는다.

'안경'

양손의 검지와 엄지로 동그라미를 만들고 자신의 눈앞에 갖다 대는 동작은 안경을 상징한다. 혹은 무엇을 바라보거나 읽거나 이해하라고 요구하는 동작이다.

'사용 설명서를 읽어!'

검지와 중지를 조금 벌린 다음 눈을 가리키는 동작은 어떤 것을 눈으로 보라는 (그리고 그에 상응하는 행동을 하라는) 비판적인 요구를 의미한다. 예를 들어, "사용 설명서를 읽어!"와 같은 요구를 하는 동작이다.

'나 심사숙고 하고 있어.'

엄지와 검지를 턱에 갖다 대는 동작은 심사숙고하고 있음을 나타낸다.

'나 아주 열심히 생각하고 있어.'

엄지와 검지를 미간 사이의 콧등에 대며 동시에 눈을 찌푸리며 감는 행동은 아주 열심히 생각 중이라는 것을 의미한다.

'잘 있었어?'

두 주먹을 서로 맞부딪히는 동작은 인사를 의미한다. 일본 남성들에게서 유래한 동작이다.

'성부, 성자, 성령'

검지와 중지로 이마, 왼쪽 가슴, 그리고 오른쪽 가슴을 순서대로 살짝 건드리며 십자가를 그리는 행동은 가톨릭에서 성부, 성자, 성령을 믿는다는 신앙고백이다.

'반갑습니다.' 혹은 '합의한 겁니다.'

서로의 손을 맞잡고 흔드는 것, 즉 악수하는 것은 인사를 하거나 어떤 것에 대한 동의를 표할 때 취하는 행동이다. 또는 합의를 보거나 축하를 전할 때 하는 동작이다.

'하이 파이브'

가슴높이에서 두 사람이 서로의 손바닥을 치는 (영어: High five, 독일어: fünf Finger) 동작은 인사를 뜻한다. 특히 짧은 시간에 많은 사람들과 인사를 나눠야 할 때 사용된다. 예를 들어 스타가 자신의 팬들과 인사를 나눌 때 사용하는 동작이다.

'치유'

하나 또는 두 개의 손바닥을 다른 사람의 머리위에 올리는 행동은 종교의식의 한 부분으로서 치유나 세례를 의미하는 동작이다. 하지만 불교에서 스님의 머리를 만지는 것은 불순한 행동으로 간주된다.

'가까이 오지 마'

하나의 손, 또는 두 손을 뻗어서 손바닥을 수직으로 세우는 행동은 거리를 두라는 강한 요구를 나타낸다.

'영면하소서!'

손바닥을 타인의 얼굴 앞에서 위에서 아래로 움직인다. 이때 손가락은 머리끝 쪽으로 향한다. 이 동작은 어떤 힘을 초자연적으로 전달하는 행위이거나 또는 죽은 사람의 눈을 직접 감길 때 하는 행동이다.

'아차!'

손바닥으로 자신의 이마를 때리는 행동은 스스로의 어리석음이나 건망증을 인식할 때 하는 동작이다.

'으 창피해'

손을 자신의 얼굴이 가려지도록 얼굴 위에 갖다 대는 행동은 창피함, 놀람, 분노, 절망 등을 표현하는 동작이다.

'이리 오세요'

손을 자신의 몸 쪽으로 흔드는 행동은 이쪽으로 오라는 요구를 나타낸다. 이때 손바닥이 위를 향하거나(서양에서 주로 사용) 손바닥이 아래를 향한다(동양에서 주로 사용).

'저리 가!'

손바닥을 바깥쪽으로 하여 몸 바깥으로 밀어내듯 흔드는 동작은 무관심을 표현하거나 또는 부인하는 제스처로 " 저리 가!"라는 의미를 갖는다.

'당혹스럽군!'

간지럽지 않은데도 머리를 긁는 동작은 당혹스러움을 나타낸다.

'지루하군!'

대화중이나 어떤 상황에서 하품을 흉내내는 것은 지루함을 전달하는 행위다.

'옳소!' 혹은 '잘 하는 군'

손바닥을 치는 행동, 즉 박수는 첫째로 어떤 칭찬이나 찬성에 동의한다는 의미다. 둘째로 이것은 어떤 행동을 시작하라는 요구를 나타낸다. 이때는 주로 손을 높이 든다. 혹은 반어적인 의미로 거의 모욕적일 정도의 심한 비판을 의미하기도 한다. 예를 들어 손님이 집에서 무언가를 망가뜨렸을 때 집주인이 이를 인식하고 먼 거리에서 취하는 동작이다.

'충분해, 멈춰!'

두 손을 힘차게 그리고 넓게 벌려서 박수 치는 행동은 "충분해, 멈춰!" 라는 의미를 갖는다.

'집합하라!'

팔을 높이 들어 수평으로 원의 형태를 그리는 동작은 군대에서만 사용하는 것으로 병사들을 모으라는 군대 지휘자의 명령을 전달하기 위한 동작이다.

'분노, 단호함'

주먹이나 손바닥으로 책상을 치는 동작은 분노나 단호함, 확실성을 표현하는 동작이다. 또는 어떤 의견이나 발언을 강력히 강조하기 위한 행위다.

'슬픔, 망설임'

양손을 펴서 자신의 오른쪽과 왼쪽 머리 위에 올려놓는 행동은 대참사나 슬픔을 경험할 때, 또는 망설임을 표현할 때 쓰는 동작이다.

'중단, 분리'

손날로 도끼질 하듯 주로 다른 손의 손바닥을 치는 동작은 중단이나 분리를 보여주기 위한 행동이다.

'성교' 또는 '많다'

주먹으로 여러 번 펼친 손바닥을 때리는 동작은 '성교'를 의미하는 거친 표현이다. 하지만 남아프리카에서는 '가득 찬'이라는 말을 강조하는 동작이기도 하며, '많다'나 '끝났다'는 의미로도 쓰인다.

'정지'

철도 차량 운전자 쪽을 향하여 손바닥으로 원을 그리는 동작은 일반적인 인사 동작과는 달라서 헷갈리지 않는다. 누가 신호를 보내든 '당장 정지'하라는 뜻이다.

'주차 시 두 차량 간의 간격'

양 손바닥을 마주하게 하고 서서히 가까워지다가 마침내 맞부딪히는 동작은 주차 시 도움을 주는 동작으로서 손바닥 간의 거리가 두 차량의 간격을 나타낸다. 두 손이 맞부딪히면 정지하라는 뜻이다.

'기도'

두 손을 가슴 앞에서 합장하는 동작은 기도하는 동작으로서 손가락들을 서로 교차시키거나 쭉 뻗는다.

'잠'

손을 펴서 맞잡고 머리의 좌측이나 우측에 대고 고개를 한 쪽으로 기울이는 동작은 베개를 상징하는 것으로서 피로함이나 잠을 자고 싶다는 바람을 표현하는 동작이다.

'미친 놈'

한 손의 손바닥을 자신의 얼굴 앞에서 좌우로 흔드는 동작은 차의 유리창을 닦는 와이퍼와 같은 동작으로서 독일에서는 '바보', '미친 놈'이라는 의미이다. 욕으로 쓰인다

'하일, 히틀러!'

손을 펴서 오른 팔을 비스듬히 위로 뻗는 동작은 히틀러 식 인사로서 나치즘 또는 파시즘에 동조한다는 의미를 가지고 있다.

'경례'

손바닥을 뻗어 관자놀이에 대는 동작(손가락은 모으고, 팔은 구부려 45도 각도로 만든다)은 군대의 인사로서 존경심, 복종을 의미한다.

폴란드에서는 두 손가락으로 한다.

'작별 인사'

팔을 높이 들어 자신 앞에서 좌우로 흔드는 동작은 인사하는 동작으로서, 예를 들어 작별인사 할 때 사용한다.

'결정되지 않았음'

한쪽 팔을 뻗어서 수평으로 왔다갔다 움직이는 동작은 결정되지 않았음을 나타내는 동작이다.

'진정해라, 속도를 줄여라.'

한 팔 혹은 양 팔을 뻗어서 위아래로 흔드는 동작은 진정해라, 혹은 속도를 줄이라고 요구하는 행동이다.

'엿 먹어라!'

한 쪽 팔은 뻗고 다른 쪽 팔의 손을 그 팔꿈치 안쪽에 올려놓은 다음 쭉 뻗은 팔의 팔뚝을 지렛대처럼 힘차게 올리는 행동은 거친 욕을 표현하는 행동이다.

'아싸!'

한 팔을 90°로 구부리고 힘껏 아래로 움직이는 행동은 기쁨이나 반가움을 나타내는 동작이다.

'안녕, 잘 가'

팔을 수직으로 높이 들고 손바닥을 보이게 하여 좌우로 팔을 흔드는 행동은 먼 거리에서 인사를 하는 행위이다.

'올림픽 인사'

팔을 앞으로 뻗는 행위는 올림픽에서 하는 인사다. 그 외에도 로마 제국의 군대의 인사로 알려져 있다.

'포옹'

양손으로, 또는 하나의 손으로 상체를 끌어안는 행동은 포옹의 행위이며 인사를 할 때 또는 슬픔이나 기쁨에 대한 동감의 표현이다.

'긴장 이완'

동성의 대화 상대를 보며 머리를 살짝 비스듬히 숙이는 동작은 긴장이 완화된 상황의 표현으로 직접적이거나 공격적인 시선을 철회하는 동작이다. 이성의 상대에게는 가볍게 놀리는 듯한 동작으로 받아들여진다.

'경외감, 슬픔'

머리를 떨구어 아래를 쳐다 보며 시선의 마주침을 회피하는 행동은 상대에 대한 경외감의 표현이거나 혹은 슬픔이나 기념을 나타내는 제스처이다.

'저리 가.'

한 다리로 (상징적으로) 차는 동작, 즉 축구에서 공을 차듯 하는 동작은 어떤 사람이나 동물을 쫓아내는 행위로서 강한 거절, 거부를 나타낸다.

'분노'

한 발로 바닥을 세게 차는 행동은 분노를 나타내는 것이거나 자신의 요구를 강조하는 행위이다. 군대에서는 그냥 발을 내딛는 동작이다.

'기쁨'

발 구르기, 총총걸음으로 걷는 동작은 특히 아이들 사이에서 기쁨의 표현이다. 또는 기대감이나 조급함(어린아이들 사이에서는 오줌 마려울 때 자주 사용)의 표현이기도 하다.

'낮춤'

무릎을 꿇은 채 다른 사람의 발등에 입을 맞추는 행위는 발에 하는 키스로서 특별히 자기 자신을 낮추는 행위이다.

'가벼운 인사'

선 자세로 무릎을 살짝 구부림과 동시에 고개를 가볍게 끄덕이는 행동은 '크닉스(Knicks)'라고 하며 과거 여성들이 했던 인사법이다.

'인사'

어떤 사람 앞에 서서 상체를 앞으로 구부리는 행위는 겸손, 또는 감사나 인사를 의미한다. 독일에서는 현재는 잘 사용하지 않는 과거의 인사법이다.

'순종'

주권자 앞에서 바닥에 무릎을 꿇고 이마를 바닥에 대는 행위는 순종과 겸허의 표현으로서 아시아 지역에서 사용된다.

'예의'

인사할 때 혹은 누군가 등장할 때 자리에서 일어서는 행위는 예의를 갖추는 동작으로서 여성은 일반적으로 일어서지 않지만 군대에서는 늘 일어선다.

'입맞춤'

입을 상대의 몸(주로 입술이나 뺨)에 접촉하는 행위, 즉 입맞춤은, 예를 들어 사회주의적인 우애를 나타낼 때도 사용된다. 일반적으로 이것은 정치적 공감이나 친구 간, 가족 간의 인사 또는 애정을 표현하는 행위이다.

'기도'

무릎을 꿇고 머리를 앞으로 숙여 바닥에 대는 동작은 기도하는 동작이거나 또는 가톨릭의 성직 수여식 때 지원자가 하는 행동이다.

'혐오'

침을 뱉는 행위는 강렬한 혐오감의 표현으로서 주로 어떤 사람 또는 그 사람의 잘못된 행동에 대한 반응이다. 해당되는 사람은 불쾌하게 여기는 행동이다.

'항복'

양 팔을 하늘로 뻗는 동작은 항복, 무기가 없음을 알리는 동작이다. 또는 격한 기쁨을 의미하기도 한다.

'상관없어!'

양 어깨를 한 번 혹은 빨리 여러 번 위로 움츠리는 동작은 '상관없음'을 의미하거나 '잘 모르겠음'을 의미한다.

'Yes'

양 팔을 위로 뻗어서 'Y'자 모양을 만드는 동작은 헬리콥터 비행사나 그 안에 타고 있는 사람들에게 하는 표시로서 '도움이 필요하다, 여기에 착륙하시오, yes'의 의미를 나타낸다.

'No'

한 팔은 위로 다른 팔은 아래로 뻗어 'N'자 모양을 만드는 동작은 헬리콥터 비행사나 그 안에 타고 있는 사람들에게 하는 표시로서 '나는 도움이 필요없다, 여기에 착륙하지 마시오, No'를 의미한다.

'거절' 혹은 '동의'

머리를 빨리 좌우로 돌리며 흔드는 동작은 거절, 부정의 의미로 쓰이지만 불가리아, 북그리스, 인도나 스리랑카 같은 국가에서 가볍게 머리를 흔드는 동작은 '동의'의 의미로 쓰인다.

'당황스러움'

우울한 표정을 하고 머리를 수평으로 천천히 이리저리 흔드는 동작은 냉정을 잃거나 당황스러움을 의미한다.

'슬픔'

고개를 떨구고 아래를 바라보며 사람들의 시선을 피하는 동작은 상대에 대한 경외감을 나타내거나 상중의 슬픔을 표할 때, 또는 뭔가에 몰두할 때 취하는 동작이다.

'조급함'
발끝으로 종종 걸음을 걷는 동작은 조급할 때 취하는 발동작이다.

'유혹'
한 눈 혹은 두 눈으로 의도적으로 (경우에 따라 여러 번) 감았다 떴다 하면서 어떤 사람을 바라보는 동작, 즉 깜빡거림은 상대를 유혹하거나 상대와 시시덕거릴 때 보내는 눈빛이다.

'싫증'
눈동자를 굴리거나 위로 쳐다보는 동작은 상대나 상대의 행동에 싫증이 났을 때 취하는 동작이다.

'욕'
다리를 꼬는 행동은 아랍권에서는 욕으로 간주된다. 발바닥이 아랍권 문화에서는 성스럽지 못한 것으로 여겨지기 때문이다.

'친밀한 거리'
중부유럽에서는 친밀한 사람만 다가갈 수 있는 거리가 앞/뒤로 50cm 정도이다. 옆에서는 그 거리가 조금 더 짧다. 이 구역에 들어오고 싶은 사람은 특별한 허가를 받아야한다.

'사적 거리'
이 거리는 불편함을 느끼지 않으면서 서로가 편하게 대화를 나눌 수 있는 거리이다. 앞/뒤로 1~1.5미터 정도이다. 사적 거리 역시 옆에서는 그 거리가 조금 더 짧다.

'공적 거리'

앞/뒤로 3m 정도가 공적 거리이다. 우리는 이 구역 내에 있는 사람들을 의식한 다음, 우리의 사적 거리 내에 들여보낼지 결정한다.

'음료수 두 잔'

엄지와 검지를 펴서 보여주는 동작은 점원에게 이 동작을 하면 "맥주 두 잔 주세요", 혹은 음료수 두 잔을 의미한다. 영국에서는 이 동작으로 맥주 한 잔만 받게 된다. 반면 중국에서는 보리음료 여덟 잔을 의미한다.

IV 러시아

4

역사가 만들어낸 러시아의 몸짓 언어

추석훈

1. 일일생활권, 지구촌, 세계화

'일일생활권'이라는 말이 국내의 거리와 공간의 심리적 축소를 상징하는 말로 쓰이기 시작한 지도 얼마 전인 것 같은데, 이제는 '지구촌'이라는 말이 일상생활에서 자리 잡은 것 같다. 지구 전체가 하나의 마을이고, 지구에 사는 모든 사람들이 한 마을 주민이 되어버린 것이다. 이 말은 과학기술의 발전을 통해 공간이라는 장애를 극복한 인류의 위대한 업적처럼 보인다. 웬만한 대륙은 하루 만에 갈 수 있고, 인터넷과 인공위성을 이용한 통신으로 어떠한 거리에 있는 사람과도 소통할 수 있으며 세계에서 일어나는 모든 정보를 실시간 공유활 수 있게 있게 되었다. 지구는 좁아져서 이제 하나의 마을처럼 되어버린 것이다.

사실 지구촌, Global village라는 말이 처음 등장한 것은 공상과학 소설의 대가인 아서 클라크가 1945년 자신의 소설에서 처음 쓰면서부터이다. 이것은 불과 반세기 전 만 하더라도 이러한 생각이 가지는 비현실성을 말해주는 반증으로 볼 수 있다. 하지만 소설가의 발칙한 상상은 현실이 되었고, 미래에 대한 통찰이 되었다. 미래가 현실이 된 지금, 그래서 '세계화'라는 말이 작금 화두로 자리 잡았고, 세계 여행이 하나의 트랜드가 되었다. 텔레비전 채널들 속의 무수한 여행관련 프로그램들과 대형서점 여행코너의 무수한 여행안내서들은 그것을 말해주고 있다.

하지만 물리적 거리는 교통수단의 발전으로 줄어들 수 있지만, 문화적 거리 즉 문화적 차이에서 오는 세계관과 행동의 거리는 쉽게 줄어드는 것이 아니다. 특히 삼면이 바다로 싸여있어 육로로 다른 나라들과 소통해 본 경험이 없는 우리 한국인들은 우리와 다른 환경에서 살아온 사람들의 세계관과 행동을 이해하는 데 아직 서투른 것이 사실이다. 언어적 소통에 있어서도 세계 공용어인 영어를 세대 간 차이가 있겠지만 능통하게 구사하지는 못하는 것처럼 보인다. 하지만 '용감한' 우리 한국인들은 "이가 없으면 잇몸으로" 라는 철학으로 말이 안 되면 몸짓 발짓으로 하면 의사소통은 돼 하고 온몸으로 그 낯선 세계와 부딪힌다.

그렇다, 우리가 말하는 '바디랭귀지(body language)', 즉 몸짓언어는 기초적인 의사소통에서 꽤나 유용하다. 그도 그럴 것이 가장 원시적이면서 기본적인 의미전달 표현으로서의 몸짓은 전 세계적으로 공통적인 것이 꽤나 많기 때문이다. 고개를 아래, 위로 끄덕거리면 동의와 동감의 표현이고, 양 옆으로 흔들면 "아니오"라는 건 인간이 태어나면서부터 배우는 의사표현이다. 그만큼 원초적이고 또 명료하기 때문에 언어권이 다른 사람들끼리도 이러한 기초적인 몸짓 언어로 일정부분 소통을 할 수 있다. 하지만 몸짓도 언어와 마찬가지로 해당 언어문화권의 특징을 가질 수밖에 없기 때문에 자칫 잘못하면 오해를 불러일으킬 수 있다. 세계화 시대에 각문화권에 대한 이해는 이제 기본적 소양이 되고 있다.

의사소통 과정에서 우리는 눈을 통해 80%의 정보를 받아들이고, 귀로 받아들이는 정보는 20%밖에 되지 않는 다고 한다. 시각적 의사소통에 대한 이러한 중요성은 그 동안 우리가 지나쳐 왔던 몸짓, 자세, 표정 등 비언어적 의사소통에 주의를 기울이게 한다. 해당 언어로 말을 나누는 과정에서 몸짓과 표정은 그 말에 감정과 상태를 배가하여 더 많은 정보를 표현하기도 하고 더 깊은 감정을 전달하기도 하는 중요한 수단이기 때문이다.

2. 러시아의 몸짓 언어

앞서 말한 바와 같이 몸짓언어는 세계화의 시대에 우연히 만난 외국인과 원초적 의사소통을 가능하게 할 수도 있지만, 자칫 잘못하면 문화의 차이로 분란의 소지를 만들 수도 있다. 각 나라의 몸짓언어는 해당 국가의 역사적 맥락 속에서 형성된 것들이 많기 때문에 특징적인 성격을 분명히 가지고 있다. 예를 들어 혀를 내미는 행동은 러시아에서는 조롱이나 놀림의 뜻이지만, 인도에서는 위협하는 의미가 된다. 우선 몸짓 언어의 이러한 차이들을 우리와 러시아를 비교해서 살펴보자.

'손가락으로 수를 세는 법'

우리는 손가락으로 뭘 세어볼 때 엄지손가락부터 구부리면서 하나, 둘, 셋 하고 수를 센다. 하지만 러시아인들은 새끼손가락부터 구부리면서 수를 센다. 다 세고 나면 손이 주먹을 쥐게 된다.

'결혼반지'

우리는 결혼반지를 보통 왼손 약지에 낀다. 왼손 약지에 결혼반지를 끼는 것은 서양의 전통으로 독립의 포기와 순종의 의미를 가진다고 한다. 넷째 손가락은 구조상 다섯 손가락 중 독립성이 가장 낮다는 것이다. 하지만 러시아는 남녀 모두 오른손 약지에 결혼반지를 낀다. 그래서 왼손에 반지를 낀 아름다운 러시아 여인을 만났을 때 아, 이분은 결혼한 분이구나 하고 미리 실망할 필요는 없다.

'사람을 부를 때'

우리가 '이리와 봐' 하고 사람을 부르는 손짓을 러시아 사람들은 '잘가' 라고 헤어질 때 쓰는 몸짓으로 받아들인다. 왜냐하면 러시아 사람들은 사람을 부를 때는 손바닥이 위를 보고, 잘 가라고 인사할 때는 손등이 위로 오기 때문이다.

'목에 손을 갔다 대는 제스처'

우리가 '나 직장에서 잘렸어' 하고 말할 때 쓰는 손을 목에 갖다 대는 제스처는 러시아 사람들에게는 '충분해', '나 배불러'의 뜻이다.

이렇듯 비슷하거나 같은 제스처를 각 나라마다 다른 뜻으로 받아들이는 경우가 많으니 잘 구분하여야 한다.

러시아 사람들이 대화할 때 쓰는 제스처는 다양한 편이다. 제스처나 얼굴표정이 말을 할 때 자신의 생각을 좀 더 표현적으로 나타내는 수단이라고 생각하는 러시아인들은 마치 번개가 천둥에 앞서 오듯, 제스처가 말에 조금 앞서서 말하려는 바를 표현해주어야 한다고 말한다. 유명한 연극 연출가 스타니슬랍스키는 자신의 배우들에게 대사를 할 때 귀에다만 말하지 말고 눈에게도 말을 하라고 주문했다고 한다. 제스처와 표정이 가지는 중요성을 강조한 것이다.

제스처를 쓰는 방식과 횟수도 각 나라마다 다른 모습을 보이는데, 라틴아메리카나 이태리, 스페인과 같은 나라들에서는 제스처가 대화할 때 '필수적인' 요소인 반면, 북쪽에 있는 나라들은 제스처를 앞선 나라들보다는 덜 쓰는 경향이 있다. 기후가 인간의 감정표현에 미치는 영향은 일반적으로 이야기되는 바이다. 러시아 사람들도 첫 인상은 매우 무뚝뚝한 편이다. 긴 겨울과 혹독한 추위로 그 이유를 말하는 사람들도 있지만 성격적으로 개방적인 남쪽 사람들과 달리 진중하고 사귀기 힘들지만 한 번 사귀면 오래토록 관계가 지속되는 면도 있다. 의사소통에서 쓰는 제스처나 몸짓들도 감정표현을 잘하지 않는 핀란드 사람들보다는 많이 쓰는 편이나 프랑스 사람들보다는 덜 쓰는 그런 정도이다.

제스처, 즉 각 나라의 몸짓언어는 민족적 특징과 성격을 가지고 있다. 그리고 제스처를 쓸 때 주의해야할 예절들도 당연히 존재한다. 예를 들어 러시아 사람들은 무얼 가리킬 때, 특히 사람을 가리킬 때 손가락으로 가리키는 걸 매우 예의 없다고 생각한다. 만약 무언가를 가리킬 때는 손 전체로 해야 한다. 재미있는 점도 있다. 러시아 사람들이 손으로 제스처를 할 때 보면 다른 유럽인들과 달리 양손을 써서 몸짓을 하는 경우 보다 한 손만 쓰는 경우가 더 많은 걸 볼 수 있다. 주로 오른손을 쓰는데 그 때 왼손은 움직이지 않거나 조금만 움직일 뿐이다.

손으로 제스처를 할 때도 몸에서 멀리 떨어지는 경우가 드물다. 손으로 하는 과장된 몸짓이 없다는 것인데 어떨 경우엔 머리가 손을 대신하기도 한다. 예를 들어 "저쪽으로 가세요"라고 방향을 가리킬 때도 손으로 하기보다 머리를 까딱해서 방향을 알려준다. "난 잘 모르겠는데요." 라고 말하기보다 어깨만 으쓱해서 말을 대신하기도 한다.

남녀의 악수에 있어서도 규칙이 존재하는데, 인사를 건네는 것은 남자들이 먼저 해야 하지만 손은 여자가 먼저 내미는 것이 예의이다.

상대방과 대화를 할 때 시선을 어디에다 두느냐에 따라서도 문화권을 나누어 볼 수 있다. 유럽이나 아메리카에서는 상대방의 눈을 본다. 하지만 상대의 눈을 똑바로 쳐다보는 것을 예의 없다고 생각하여 다른 쪽에 시선을 두는 문화권도 있다. 주로 동양문화권이 그러한데, 그래서 동양권에서는 상대를 바로 쳐다보는 이런 시선을 예의 없고 불손하다고 여기고, 반대로 그쪽에서는 시선을 다른 곳에 두는 모습을 대화 상대가 불편해하거나 진심을 보여주지 않으려 한다고 생각한다. 이러한 문화적 차이를 완전히 극복하는 것은 사실상 불가능하다. 태어나서 교육받은 환경과 몸에 밴 습관, 행동방식은 옳고 그름의 문제가 아니라 생활과 문화의 영역이기 때문이다. 우리가 할 수 있는 것은 그 차이에 대한 이해와 수용일 것이다.

우리와 비교해서 러시아 사람들은 만날 때 대화의 과정에서 스킨십이 참 많은 편이다. 특히 만나거나 헤어질 때 가볍게 뺨에 키스를 하는데 세 번을 한다. 만일 왼편 뺨에서부터 시작했다면 왼편, 오른편, 다시 왼편 이렇게 세 번을 하고, 오른편 뺨에서 시작했다면 오른편, 왼편, 그리고 오른편에서 마친다. 3은 러시아인들이 좋아하는 숫자이다. 하지만 요즈음에 들어선 점점 드물어지고 있다.

다른 문화권과의 접촉에서 비언어적 소통이 쉬울 것 같지만 이렇게 문화의 차이에 의해 상호 오해가 생길 여지가 많은 것이다. 특히 같은 몸짓을 서로 다른 뜻으로 이해할 때 상호이해의 격차는 커질 수밖에 없다. 그래서 그 나라 문화를 알아야만 이해할 수 있는 특징적인 몸짓과 그 나라 사람들의 몸짓 습관들을 미리 알고 있다면 더 쉽고 원활하게 의사소통을 할 수 있을 것이다. 그런 의미에서 러시아에서 가장 특징적인 몸짓 몇 가지를 여러분들과 알아보도록 하겠다.

러시아 문화관련 강의를 나가면 러시아라는 나라를 생각하면 제일 먼저 어떤 것이 떠오르느냐고 물어본다. 일반인들이 가지는 러시아에 대한 이미지가 전공자의 입장에서 궁금하기 때문이다. 러시아와 관련된 이미지들은 어느 정도 정형화되어 있다는 느낌을 받는다. 제일 먼저 보드카, 동토지대라는 말에서 연결되는 추위, 구 소련, 미인들이 많은 나라 등등... 양국 간의 교류가 많이 늘어나서 러시아라는 나라를 접할 기회가 많아지고 한국 거리에서도 심심치 않게 러시아 사람들을 볼 수 있는 지금도 러시아의 첫 번째 이미지는 '술'인 것이 재미있다. 근거가 없지는 않다. 주류소비량에서 러시아는 세계 1, 2위를 다툰다. 그래서 술과 관련된 제스처도 재미있는 것이 많다.

'술을 같이 먹자는 몸짓들'

러시아 사람들은 술을 먹자고 할 때 검지로 목을 탁 친다. 아니면 술을 먹고 이미 얼큰 취해있다는 의미도 된다. 필자는 처음에 이 제스처를 보고 생각난 것이 저게 왜 술 먹자는 제스처이지 하고 궁금했던 적이 있다. 마시는 행위니까 목을 치는 걸까 이렇게 생각했다. 이 제스처의 유래는 우리에게도 유명한 표트르 대제, 영어식으로 하면 피터 대제시절로 거슬러 올라간다. 당시 한 장인이 표트르에게 큰 공을 세우게 된다. 흡족한 표트르는 장인에게 무엇으로 포상을 해 줄까 물어본다. 술을 좋아했던 장인은 선술집인 '카박'에서 보드카를 공짜로 아무 때나 마음껏 먹게 해달라고 했다. 보드카는 러시아에서 유통되기 시작했을 때부터 국가의 전매품이었고 국가가 만든 선술집 '카박'에서만 판매가 되었다. 자신 또한 두주불사의 애주가였던 표트르는 장인에게 카박 이용증서를 만들어 주었는데, 술꾼들이 그렇지만 고주망태가 된 장인은 곧 그 '이용증서'를 취중에 잃어버리고 다시 표트르를 찾아온다. '재발급'의 청원을 가지고 말이다. 그러자 표트르는 저번처럼 종이에 증서를 만들어 주는 대신 다시는 잃어버리지 말라고 불에 달군 인장을 목에 찍어주었다. 이 후 그 장인은 카박을 출입할 때 마다 그 인장이 찍혀있는 목을 가리켜 보였다는 데 이 제스처의 기원이 있다.

1914년 당시 러시아 제국의 황제 니콜라이 2세가 "금주령"을 선포했을 때는 주류 밀매인들이 술을 은밀히 팔 때 이 제스처를 사용하기 시작했다.

술을 먹자는 또 다른 제스처는 재킷이나 윗옷을 살짝 들어 손가락 두 개를 펴 보이는 것이다. 지나가는 사람에게 이렇게 몸짓을 보여주는 것은 두 사람은 이미 모여 있으니 '세 번째 사람을 찾는다.'라는 뜻이다. 그렇게 세 사람이 모이면 돈을 각출해서 상점에 가서 보드카 한 병을 사서 나누어 먹는다. 보드카 한 병을 세 잔에 따라서 마시게 되는데, 정상적인 상황에서 먹는 경우가 아니기 때문에 거리에 서서 안주 없이 쭉 들이키고는 헤어진다. 이런 풍속이야 지금은 없어졌겠지만 그 제스처는 남아 우리 술 한 잔 하자 는 뜻으로 쓰이고 있는 것이다.

'손을 이용한 제스처'

앞선 술 먹자는 몸짓도 그렇지만 러시아 사람들이 쓰는 몸짓에는 손가락을 이용하는 것들이 많다. 대표적인 것 몇 개를 살펴보도록 하자.

'검지를 관자놀이에 대는 것'

검지를 관자놀이에 대고 빙글빙글 돌리면 '멍청하다', '미쳤다', '제 정신이 아니야' 의 뜻이 된다. 우리나라에서 쓰는 몸짓과 별반 다르지 않으나 우리는 검지를 머리에 가까이에서 회전을 시키나 러시아는 관자놀이에 검지를 고정시키고 손가락을 빙빙 돌리는 것이 틀린 점이다.

다른 여러 나라에서도 이 제스처를 쓰는데 뜻은 많이 틀리다. 독일이나 오스트리아에서는 '미친놈!'의 뜻으로 쓰이지만, 아프리카 여러 나라들에서는 사람이 깊은 생각에 빠져있다 라는 뜻이 되고, 프랑스에선 '바보'의 뜻이다. 하지만 네덜란드에선 반대로 똑똑한 사람을 가리킨다.

'조금만' 이라고 표시 할 때

여러분들이 러시아사람의 초대를 받아 집에 손님으로 갔다고 생각하자. 바깥주인이 당신에게 술을 따르는데 "조금만 주세요" 라고 말하고 싶을 때, 어떤 제스처를 취하면 될까. 엄지와 검지를 가까이 대면된다. 엄지와 검지를 완전히 붙이지는 말고, 사이를 조금 띄운다. 그 띄운 공간이 '조금'이라는 양을 표시하게 된다. 이때 다른 손가락들은 주먹 쥘 때처럼 구부러져 있으면 된다. 이 제스처는 추상적인 개념에도 쓰인다. 예를 들어 "나한텐 지금 시간이 조금밖에 없어" 라고 말할 때도 마찬가지로 이렇게 손을 보여주면 된다.

'염소'

검지와 새끼손가락을 쭉 피고 나머지 손가락은 주먹 쥘 때처럼 쥔다. 지금 이 손가락 제스처는 한국 야구장에서도 선수들이 승리를 기원하는 의미로 많이 쓰이고, 헤비메탈 그룹들이 마이크를 잡고 울부짖듯 노래할 때도 볼 수 있다. 하지만 러시아에서 이 손가락 제스처는 '염소'라고 불리며 염소의 뿔을 상징하는 것이다. 근원을 따지자면 몇천년이나 거슬러 올라가며 악령으로부터의 보호를 의미한다. 지금은 잊혀져가는 러시아 놀이 중 하나를 보면 어른이 '오른손' 검지와 새끼손가락을 세워 염소 뿔처럼 만들어 마치 염소가 뿔로 들이받는 시늉을 하며 아이들 뒤를 따라다닌다. 이것은 단순히 애들하고 놀던 놀이가 아니라 고래의 러시아사람들이 아이들로부터 액을 제거하는 의례

였던 것이다.

엄지를 검지와 중지 손가락 사이로 삐죽 내미는 제스처

이 제스처는 사실 러시아 말고도 많은 나라에서 쓰인다. 하지만 이것 또한 전통적인 러시아 제스처 중의 하나이다. 고래로부터 기원하고 남자의 성기를 상징하는 이 제스처는 남성과 여성의 결합까지도 뜻한다. 그래서 러시아에서는 이 제스처를 쓰면 거절, 극단적 불만, 부정의 뜻으로 쓰인다. 어떨 경우에는 경멸과 위협을 뜻하기도 한다.

위에선 손가락을 주로 쓰는 흥미로운 몸짓들을 살펴보았다. 러시아에선 손 전체를 이용하여 감정을 표현하는 다양한 몸짓들이 발전하였다. 그것들 중 가장 러시아적이며, 가장 사용이 많이 되는 동작들은 다음과 같은 것들이 있다.

'손을 심장에 갔다 대는 몸짓'

오른손을 왼편 가슴에 갔다 대고 깊숙이 고개 숙여 인사하는 이 몸짓은 진정성, 고마움을 표시한다. 고대 러시아 사람들은 깊숙이 허리를 숙여 인사를 하였다. '러시아 절'이라고 부를 수 있는 이 예법은 세 가지 종류가 있었는데 존경받는 원로나 지체가 높은 분들을 맞이할 때는 낮게 숙여서 인사를 했고, 아는 사람이나 친구를 만날 때는 허리까지 숙여서 인사를 했다. 모르는 사람을 만날 때는 몸을 깊이 숙이지는 않고 손을 심장 쪽에 댔다가 밑으로 내렸다. 어떤 식의 절이든 대화하는 사람에 대한 순종의 의미를 표하는 것이었다. 절을 하러 고개를 깊이 숙이는 순간 사람은 자신의 앞에 있는 사람을 보지 못하고 자신의 몸에서 가장 약한 부분인 목을 드러내기 때문이다.

손을 가슴에 대는 것은 위에 말한 세 가지 절을 할 때 함께 행해지던 몸짓이었고, 행위의 진실성과 목적의 순수성을 나타내었다. 오늘날 깊숙이 절을 하는 풍속은 없어졌지만 가슴에 손을 대는 몸짓은 아직까지 남아 예전의 뜻 그대로 쓰이고 있다.

'손을 목에 갔다 대는 몸짓'

우리나라에서 이 몸짓은 "죽어 버린다"는 위협이 되지만, 러시아에서는 "충분해", "더 이상 필요 없어"라는 의미이다. 음식물이 목까지 찼다는 뜻으로 '배부르다'의 의미에서 출발한 것으로 보면 이해가 편할 것 같다. 러시아에서 죽인다는 위협은 손을 목에 대는 것이 아니라 엄지손가락을 자기 목에 대고 쓱 긋는 것이다. 목에 칼이 지나가는 걸 흉내 내는 것이다.

'뒤통수를 긁적이는 몸짓'

러시아사람들은 뭔가 당황스럽거나 할 때 뒤통수를 긁적인다. 왜 그럴까? 이 몸짓은 오래전 있었던 민간의 믿음에서 유래한다는 설이 그럴 듯하다. 뒤통수를 긁적이는 것은 조상들이나 부족의 수호신을 도와달라고 불러내는 행위였다는 것이다. 그래서 지금도 당황하거나 곤경에 처했을 때면 뒤통수를 긁적여 조상들의 도움을 간구했던 예전의 습관이 남아 그렇게 한다는 설명이다.

'셔츠를 찢어 가슴팍을 드러내는 몸짓'

러시아인들의 이 제스처는 얼핏 보면 화를 내는 모습처럼 보인다. 분명 자신의 감정을 매우 격렬하게 표출하는 이 몸짓은 여러 가지 해석들이 있는데, 첫 번째는 러시아인들이 자신이 정교 신자임을 증명하기 위해서 셔츠를 찢어 헤쳐 가슴팍의 십자가를 보여주었다는 것이다. 두 번째는 형장에서의 관습에서 유래했다는 설이다. 형장에서 죄인에게 체형을 가하기 위해서 윗옷을 찢어서 위통을 드러내곤 했는데, 스스로 옷을 찢어버리는 것은 진리나 신념을 위해 어떤 고난도 감수하겠다는 강력한 의지의 표현이라는 것이다. 이러한 연유 때문에 지금은 어떤 행위나 생각에 대한 강력한 의지를 나타내게 되었다.

'모자를 벗어 땅바닥에 내동댕이치는 것'

이 몸짓 또한 매우 격정적인 몸짓인데, 어떤 힘든 결정을 내리거나 할 때 같이 쓰인다. '우리나라에서도 의관을 갖추다'라고 말할 때 관은 사대부나 선비들의 필수적인 격식이었다. 러시아에서도 모자는 남자들의 권위와 서열을 상징하였다. 이런 모자를 공개적으로 벗기는 것은 매우 심한 모욕이었고, 징벌의 한 종류였다. 주로 채무자들이 이런 형을 당하곤 했다. 그래서 스스로 모자를 벗어 땅에 던지는 것은 그 결정이 잘못되어 자기가 속한 사회에서 쫓겨나더라도 위험을 감수할 준비가 되어 있음을 나타낸다. 자신의 모든 체면과 지위를 땅에 버리더라도 이 일을 하겠다는 결연한 의지를 보여준다고 하겠다.

'자신의 가슴을 치는 몸짓'

이 몸짓은 한 설에 따르면 옛날 전투적 유목민들의 습속에서 유래된 것이며 몽고가 러시아를 통치할 시기 유입되었다고 한다. 평원지역에 살던 유목민들은 자신의 가슴을 치는 이 몸짓으로 자신의 영주에게 충성 맹세를 하였다고 한다. 그래서 지금도 주먹으로 자신의 가슴을 두드리는 이 몸짓은 충성심의 표현이 되었다고 한다.

'코에 엄지를 갔다 대는 몸짓'

손을 펴서 엄지를 코에 갔다 대는 이 몸짓은 유쾌하고 재미있는 몸짓이다. 유명하지만 그렇게 자주 쓰이지는 않는다. 러시아에서만 사용되는 것이 아니어서, 이태리에서는 '코 위의 야자열매'라 불리고, 프랑스에서는 '바보의 코'라 부른다. 영국에선 이름이 몇 가지가 된다. 다섯 손가락 인사, 상하이 제스처, 안나 여왕의 부채 등이다. 이 몸짓의 유래는 코가 긴 사람의 그로테스크한 얼굴을 흉내 내는 것이겠지만, 지금은 애들 사이에서 누구를 놀릴 때 쓰인다.

이렇게 가장 러시아적인 몸짓 몇 개를 살펴보았다. 일상생활에서 흔히 쓰이는 몸짓 하나 하나에도 러시아의 습속과 역사가 뿌리박고 있는 것을 알 수 있었다. 이렇게 조그마한 몸짓언어에서부터 서로를 이해해 나갈 때 상호 소통의 여지가 커지지 않을까 생각한다. 이런 몸짓이 어찌 보면 가장 원초적이고 진실한 감정의 전달자가 될 수 있기 때문이다. 러시아를 여행하거나 알고 싶어 하시는 모든 분에게 다줘보그 신의 행운이 같이 하시길 빈다.

V 아프리카

5

남아공 줄루인의 몸짓 언어

장용규

남아공 동남부에 위치한 크와줄루(*KwaZulu*)는 '줄루인'(*amaZulu*)의 '땅'(*Kwa-*)이라는 뜻을 담고 있다. 어원 그대로 줄루인의 본향(本鄕)을 뜻한다. 남아공 북부의 거칠고 황량한 고원평야와는 달리, 크와줄루는 끝없이 이어진 크고 작은 구릉과 그 사이 사이에 흐르는 강

크와줄루 자연풍경. 수많은 구릉과 강이 흐르는 지형은 마치 세상을 주름잡아 놓은 듯하다(www.google.com/south africa, thousand hills).

이 어우러진 지상낙원과 같은 곳이다. 연평균 15~30도를 오르내리는 환상적인 기온은 덤으로 주어진다. 그래서 크와줄루는 예로부터 남아공 최대의 곡창지대로 유명했다.

그런데, 이 아름다운 지상낙원의 주인인 줄루인의 첫 인상은 '거칠다'는 선입견을 주기에 충분하다. 어느 사회든 마찬가지이겠지만, 줄루인의 문화적 판단 기준은 철저하게 자민족 중심이다. "우리 줄루는 …"으로 시작하는 가치판단은 종종 말다툼을 초래하기도 한다. 모든 판단에 자문화가 척도로 사용되다 보니, 가끔 남의 문화를 무시하는 듯한 태도를 보이기도 한다. 그래서 종종 "이 사람들, 참 공격적이구나"라는 생각을 하게 만든다. 물론 여기에는 한 때 남부아프리카를 호령했던 줄루왕국의 후예라는 자부심과 '하늘(*iZulu*)에서 내려 온 사람들(*ama-*)'이라는 신화적 선민의식이 크게 작용하는 듯하다. 이해 못 할 바는 아니다.

줄루인의 첫 인상은 '거칠'고 '무례하다'는 느낌을 받게 한다. 일단, 이 사람들은 '기차화통을 삶아 먹은 것처럼' 우렁찬 목소리와 과장된 몸짓이 특징이다. 줄루인들의 큰 목소리와 과장된 몸짓은 이들의 주거 환경이 독특하기 때문이라는 주장이 있다. 줄루인 대부분은 구릉 위에 집을 짓는다. 크와줄루는 우기가 되면 구릉 사이로 흐르는 강물이 불어 매우 위험해 진다. 이런 환경에 적응하기 위해 줄루인은 아예 구릉 위에 집을 짓고 사는 풍습이 생겼다. 따라서 집과 집 사이의 거리는 매우 멀 수밖에 없는 터, 상대방과 대화를 하려면 목소리가 크고 동작이 과장될 수밖에 없었다는 것이다. 믿거나 말거나 말이다.

그런데 이 선입견을 한 꺼풀 벗기고 들어가면 전혀 다른 줄루인의 모습을 발견할 수 있다. 줄루인이 상대를 대하는 태도, 특히 대화를 할 때, 상대를 배려하는 태도는 매우 섬세하고 조심스럽다. 좋은 사례가 있어 크와줄루의 작은 시골 마을에서 현지조사를 하던 때의 일지를 옮겨 본다.

마을에서 오래 살아오신 할머니를 찾아뵙고 인터뷰를 하기로 약속한 날이었다. 이른 아침, 나와 현지조사 보조원은 할머니 댁을 찾아 갔다. 현지조사를 시작한 지 얼마 되지 않아 모든 것이 낯설었다.

"사우보나~!"(Sawubona~!)
"예보, 사우보나~!"(Yebo, sawubona~!)

마을 사람들은 인사예절이 밝았다. 길에서 만나는 사람이면 누구에게나 경쟁적으로 먼저 인사를 건넨다. 낯선 사람에게도 스스럼없다. 마을 사람들의 인사법은 독특하다. 다가오는 상대가 볼 수 있도록 양 손바닥을 눈높이까지 들고, 무릎을 살짝 구부린 채 인사를 하고 지나간다. 경우에 따라서 한 손 인사도 하지만 왼 손은 절대 사용하지 않는다. 친구 사이에는 3단계 악수인사를 한다. 먼저 악수를 하는 동시에, 상대방의 엄지손가락을 손바닥으로 감싸 쥔다. 그런 다음 다시 악수를 하는 인사법이다. 이는 상대방과의 굳건한 결속력을 상징한다. 양 손바닥을 들어 상대방에게 보이는 것은 '항복'한다는 뜻이 담겨 있다. 당신에게 모든 것을 내바쳐 존중한다는 것이다. 원래 양손을 들어 인사를 하는 것은 추장이나 왕 등 권력자에게 하는 인사법이다. 지금도 왕이나 추장에게는 양 손을 머리 위로 들고 "바예떼"(Bayete~!)라고 외치며 땅바닥에 넙죽 엎드려 인사한다.
지나치는 사람들과 인사를 하면서 가다 보니 어느새 할머니 댁 앞이었다. 이 마을의 집 대부분이 그렇듯 할머니 댁도 대문과 울타리가 없는 허름한 것이었다. 집 앞에 다다르자 현지조사 보조원은 모자를 벗어들고 오른 무릎을 꿇어앉았다. 나도 황급히 따라했다. 울타리가 없는 집은 안이 훤히 들여다보였다. 집 안에는 할머니가 손녀딸로 보이는 어린아이와 함께 처마 밑에 앉아 있었다. 할머니와 어린아이도 우리를 봤지만 반응을 보이지 않았다.

한 일분 가량 흘렀을까? 할머니와 함께 있던 어린아이가 우리에게 걸어 왔다. 현지조사 보조원은 우리의 방문 목적을 어린아이에게 전했고, 어린아이는 다시 할머니에게로 돌아갔다. 할머니와 짧은 이야기를 나눈 어린아이가 다시 우리에게 다가왔다.

"들어오시래요."

나와 현지조사 보조원은 모자를 벗어 든 채 조심스럽게 집 안으로 들어갔다. 현지조사 보조원은 허리와 머리를 약간 굽힌 채 마치 살얼음을 걷듯 할머니에게 다가갔다. 뭐, 나도 현지조사를 따라할 수밖에 없었다.

할머니가 앉아 계신 곳에 도착한 현지조사 보조원은 할머니 옆에 쪼그리고 앉았다. 그리고 할머니에게 다시 한 번 방문 목적을 설명했다. 할머니께서는 흔쾌히 인터뷰 의사를 밝히셨다. 사실, 할머니와의 인터뷰는 전 날에 현지조사 보조원이 이미 섭외해 놓은 것이었다. 지금까지의 절차는 매우 의례(儀禮)적인 행위였다.

어린아이가 우리를 위해 의자를 내 왔다. 나는 인터뷰를 위해 아무 생각 없이 녹음기와 카메라를 꺼내들고 할머니와 마주 앉았다. 녹음기를 누르려는 순간, 현지조사 보조원이 황급히 내 어깨를 잡아끌더니 할머니 옆에 나란히 앉으라는 신호를 보냈다. 그리고 본인은 통역을 위해 할머니와 나 사이에 끼어 앉았다. 그렇게 우리 셋은 먼 산을 바라보면서 한 시간 가까이 인터뷰를 진행했다.

인터뷰를 마치고 돌아오는 길에 현지조사 보조원이 나를 황급히 끌어 낸 자신의 행동에 대해 설명해줬다. "우리(줄루)는 절대 어른과 마주 앉아 대화를 나누지 않아요. 어른과 마주 앉아 대화를 나누는 것은 아주 버릇없는 행동이고, 악마의 저주를 받을 수도 있어요"라는 정도의 조언이었다. 어른에게 버릇없는 행동을 하면 '악마의 저주'를 받을 수도 있다는 말이 인상 깊었다. 그 뒤로 "줄루인은 어른과 마주 앉아 이야기하지 않는다"는 현지조사 보조원의 말을 주의 깊게 관찰하기 시작했다.

틀린 말이 아니었다. 마을 사람들은 자기보다 나이가 많거나, 사회적 지위가 높은 사람과 대화를 나눌 때 절대 상대방과 마주 앉지 않았다. 설령 대화 상대와 마주앉을 수밖에 없는 상황에 처해도 서로 사선으로 비껴 앉았다. 대부분의 경우 가급적 옆에 나란히 앉아 대화를 나누는 것이 대화 관습이었다. 나중에 알게 되었지만, 이런 어른공경은 단순히 대화 뿐 아니라 일상생활의 다양한 상황에서 지켜야 할 오래된 관습이었다. 이 관습을 줄루인은 '흘로니파'라고 부른다.

1. '흘로니파(*Hlonipha*)', 존경과 회피의 관습

흘로니파는 '존경한다' 또는 '회피한다'는 뜻을 담고 있는 줄루 사회의 오랜 관습이다. 굳이 비교하자면, 우리나라의 삼강오륜(三綱五倫)의 일부와 유사하다고 할까? 흘로니파는 줄루 사회에서 존경스럽고 어려워서, 직접 만남을 피해야 할 사람에게 취해야 할 기본예절이다. 흘로니파의 기원은 결혼을 해 시집에 처음 들어 온 며느리가 일정 기간 동안 시아버지를 회피하는 관습에서 비롯되었다. 줄루 사회는 가부장제 규칙이 엄격하게 지켜지는 사회이다. 한 집안의 핵심 인물은 가장과 그 형제, 가장의 아버지이다. 이들은 집 안의 모든 일을 결정할 수 있는 권한을 갖고 있다. 나머지 집 안 식구는 모두 이들의 의사결정에 절대복종해야 한다. 따라서 이들의 권한과 권위는 절대적이고, 집 안 식구들에게는 어려운 대상이다. 당연히 새 식구가 되어 들어 온 며느리의 입장에서 시아버지는 절대적으로 기피해야 할 존재가 된다. 싫어서 피하는 것이 아니라, 어려워서 피해야 할 대상인 것이다.

며느리가 시아버지를 대하는 흘로니파에는 몇 가지 종류가 있다. 먼저, 직접적인 대화를 회피하는 것이다. 이것을 '이시흘로니파'

(*isihlonipha*), 즉, '언어 회피'라고 한다. 시아버지와 대면을 피해야 하는 며느리는 시아버지의 이름을 직접 불러서도 안 된다. 혹시 불가피하게 시아버지의 이름을 언급해야 할 경우, 시아버지의 이름이 갖고 있는 뜻을 다른 단어를 사용해 표현했다. 아니면, 시아버지의 이름과 유사한 단어를 사용하기도 했다. 여기에서 중요한 것은 시아버지의 이름을 직접 언급해서는 안 된다는 점이다. 이시흘로니파는 시아버지와 며느리 사이에만 적용되는 것이 아니라 부모와 자식 사이에도 적용된다. 이시흘로니파와 관련해서는 전설적인 이야기가 있다.

끄와줄루에 아마짐또띠(*amazimtoti*)라는 지명이 있다. 이 이름은 '이시흘로니파'를 보여주는 대표적인 사례이다. 줄루왕국을 건설했던 샤카 줄루(*Shaka Zulu*)가 원정길에 나섰다가 어느 이름 없는 강둑에서 자신이 이끌던 군대와 함께 휴식을 취했다. 군사가 떠 온 물을 맛있게 마신 샤카는 "칸티, 아만지 또띠"(*kanti amanzi toti*)라고 외쳤다. "이런, 물이 너무 달콤하구나!"라는 의미였다. 오랜 행군 뒤에 마신 물이니 당연히 달콤했을 것이다. 그런데 실제로 줄루어로 '달콤하다'라는 말은 '음난디(*mnandi*)'이다. 샤카가 '음난디'라는 단어를 사용하지 않은 이유는 어머니 이름이 '난디(*nandi*)'였기 때문이었다. 차마 어머니 이름을 언급할 수 없었던 샤카는 즉흥적으로 '또띠(*toti*)'라는 단어를 만들어 냈고, 이 단어가 고착되어서 이 지역이름이 '아마짐또띠'가 되었다.

흘로니파의 다른 사례는 '행동 회피(*ukuhlonipha*)'가 있다. 이 흘로니파는 행동을 통해 상대방에게 존경의 표현을 하는 것이다. 가장 대표적인 방법은 시아버지를 직접 만나지 않는 것이다. 먼발치에서 시아버지를 본 며느리는 시아버지 동선의 반대편을 따라 움직이거나, 아예 방에 들어가 시아버지의 모습이 보이지 않을 때까지 기다린다.

시아버지와 며느리의 관계에서 비롯된 흘로니파는 세월이 흐르면서 그 영역이 확대되기 시작한다. 사위와 장모, 어린아이와 어른, 부인과 남편 등 흘로니파의 영역은 넓어지기 시작했다. 사위는 장모를 어려워하고, 어린아이는 어른을 공경하고, 부인은 남편을 존경하는 관계와 이를 규정하는 관습. 이것이 흘로니파이다. 흘로니파는 '나이 많은' '남성'을 예우해 주는 가부장제적 관습인 셈이다. 앞서 소개했던 일화에서 할머니와 대화를 나눌 때 시선을 '회피'하는 것도 행동 회피의 변형인 셈이다.

내가 현지조사를 하는 동안 머물렀던 대학원 친구 집은 어머니가 집 안의 가장이셨다. 친구 아버지가 일찍 돌아가셔 친구 어머니는 동네 병원 식당에서 일하시며 자식을 키웠다. 그런데 미래의 사위가 같은 병원에 근무했다. 조제실에서 근무했던 미래 사위는 앞날의 장모와 종종 부딪쳤을 것이다.

어른과 대화를 할 때 눈 맞춤을 피하기 위해 대화상대의 옆에 앉는다. 나무 밑에 앉아 있는 어른 옆에 젊은이가 어깨를 약간 숙이며 대화를 하고 있다(사진제공, 설병수).

어느 날, 병원 앞을 지나다 병원 식당에 들러 친구 어머니를 만났다. 친구 어머니와 이런 저런 이야기를 나누고 있던 중, 반대편 건물에서 사위가 걸어 나오는 모습을 보았다. 사위는 우리 쪽으로 몇 걸음 내딛다 먼발치에 있는 장모와 나를 발견했다. 약간 놀란 듯한 표정을 지은 사위는 황급히 발길을 돌려 건물 안으로 다시 들어갔다. 친구 어머니도 미래의 사위가 건물에서 걸어 나오다 자신을 보고 황급히 되돌아간 것을 보고 있었다. 하지만 아무렇지도 않은 듯 했다. 정작 당황한 것은 나였다. 처음에는 둘 사이가 좋지 않은 줄 알았다. 집에 돌아와 친구에게 낮에 있었던 일에 대해 이야기 했더니, 친구가 깔깔 웃으며 당연한 행동이라고 했다. 사위는 장모와 내가 싫어서 도망 간 것이 아니라, 장모를 예우하는 차원에서 그런 행동을 보인 것이었다. 사위는 관습에 따라 흘로니파를 충실히 지킨 것이었다.

흘로니파에 관심을 갖게 되다 보니 현지인들의 독특한 몸짓이 보이기 시작했다. 이런 몸짓은 어른을 대하는 우리 관습과는 상반되는 경우가 많았다. 줄루인과 우리의 대화 방식에도 큰 차이가 있다.

앞서 언급했듯이 줄루인은 대화를 할 때, 특히 어른과 대화를 할 때, 절대 시선을 마주치지 않는다. 어른과 시선을 맞추는 대화는 매우 무례한 행위이다. 앞의 일화에서 현지조사 보조원이 나를 황급히 끌어 할머니 옆에 앉힌 이유도 여기에 있었다. 우리는 상대방과 대화를 나눌 때 상대방과 시선을 교환하는 것이 중요하다고 배워 왔다. 특히 어른과 대화를 할 때, 어른과 시선을 맞추면서 가끔 고개를 끄덕이는 것은 상대방의 말을 경청한다는 의미와 함께 대화에 성실하게 임하고 있음을 보여주는 무언의 몸짓이다, 그런데 줄루 사회에서 어른과 대화를 하면서 시선을 마주치는 하는 순간, 대화는 거기에서 끝날 확률이 높다. 아주 버릇없고 무례한 사람이 되기 때문이다. 줄루 사회에서 나이 어린 사람이 어른과 마주 앉아 시선을 마주하면서 대화를 나눈

다는 것은 상상할 수 없는 일이다. 이럴 경우 어른은 단순히 버릇없음을 비난 뿐 아니라, 종교적 저주를 내릴 수도 있다. 현지조사 보조원이 '악마의 저주'를 받을 수 있다고 경고한 것도 이런 맥락에서이다.

줄루인은 어른과 대화를 할 때 시선을 한 지점에 고정시키지 않는다. 대화를 하는 동안 상대방의 시선 밑에서 좌우로 끊임없이 눈동자를 움직인다. 이런 대화에 익숙하지 않은 입장에서는 혼란스럽고 불편해 질 수 밖에 없다. 때문에 줄루인은 다른 문화권의 사람과 대화를 할 때 오해를 받는 편이다. 특히 남아공 백인들은 줄루인의 이런 시선처리를 좋아하지 않는다. 대화를 하는데 신뢰감을 주지 못한다는 이유에서 이다. 경험상 줄루인의 시선처리는 상대방을 배려한다고 하더라도 쉽게 적응하기 힘든 것은 사실이다.

남아공에서 유학하던 초창기의 일이었다. 운이 좋게도 지도교수님 옆방 연구실을 사용했던 나는 종종 지도교수님과 논문에 대해 이야기할 기회가 있었다. 그 날도 지도교수님 연구실에서 대화를 나누고 있었다. 그 때, 어렴풋하게 문을 두드리는 소리가 들렸다. 우리 대화소리가 조금만 높았더라도 알아듣지 못할 뻔했던 작은 소리였다. 지도교수님은 "들어오라"고 했고, 잠시 후 문이 살짝 열리면서 학부생으로 보이는 줄루 청년이 엉거주춤한 자세로 방에 들어왔다. 학생은 정서적으로 약간 불안해 보였다. 지도교수님이 내 준 자리에 마주앉은 학생은 시선을 어디에 두어야 할지 모른 채 안절부절 했다. 학생은 무릎 위에 양손을 포개어 얹은 채 연신 비비고 있었다. 흡사 큰 잘못을 한 뒤 용서를 빌러 온 학생 같았다. 그런데, 대화내용은 현재 듣고 있는 수업과 관련된 질문이었다. 흥미로운 광경이었다. 학생이 방을 나간 뒤, 지도교수님이 내 눈치를 알아차리셨는지 학생의 태도에 대해 설명해 주셨다.

"줄루인은 어른의 눈을 똑바로 쳐다보고 대화하지 않지. 그건 아주

전통 혼례식 예절. 전통혼례식에서 추장과 인사를 하는 줄루 여인의 모습
(www.google.com/greetings in Zulu).

무례한 행동이야. 사실 그런 이유 때문에 과거에는 백인과 대화할 때 종종 오해를 불러일으키기도 했지. 백인들은 시선을 마주쳐야 진실한 대화를 하는 거라고 생각하는데, 줄루인은 정 반대이거든."

사실 내 기억에도 좋은 대화술은 상대방과 시선을 맞추는 것이라고 배워왔다. 그래야 상대방에게서 대화상대로서의 신뢰를 얻을 수 있다고 말이다. 상대의 눈을 바라보는 것은 그만큼 상대방의 말을 진지하게 듣고 있다는 징표라고 했다. 그래서 대화를 할 때는 의식적으로 상대방의 눈을 응시하는 습관이 들어 있다. 가끔 상대방의 말에 동의한다는 의미에서 고개를 끄덕이는 것도 필요하다고 했다. 줄루 사회에서는 정 반대로 대화를 해야 한다. 특히 그 대상이 어른일 경우, 시선을 회피하는 것은 공손한 태도를 취하고 있다는 것을 보여준다.

이 밖에도 어른 공경은 일상생활의 다양한 환경에서 볼 수 있다. 어른과 악수를 할 때 왼손 손바닥으로 오른손 팔꿈치를 바쳐 들고(또는 왼손을 오른손 팔 안쪽에 얹은 뒤), 허리를 세운 뒤, 주저앉듯 무릎을 살짝 꺾어야 한다. 앞서 말한 것처럼 눈 맞춤은 하지 않는다. 물건을 주고받을 때에는 손바닥을 위로 하고 양손을 공손히 앞으로 내 밀어야 한다. 줄루만의 독특한 관습은 아니지만 줄루 사회에서는 왼손 사용은 금기이다. 누군가를 왼손으로 지목하는 행위, 왼손으로 사람 이름을 쓰는 것, 왼손으로 식사를 하는 것, 왼손으로 물건을 건네는 것 등의 행위는 매우 혐오스러운 것으로 간주된다. 사실 이런 행위는 단순히 혐오의 차원을 떠나, 상대방을 멸시하는 태도로 받아들여지기 쉽다.

결국 흘로니파와 관련된 규칙은 다음과 같이 일반화된다. 한 집안이나 마을에서 나이가 많거나 사회적으로 명망이 있는 사람은 존경의 대상이다. 그리고 그 대상을 존경하는 방식으로 이름을 언급하거나 신체적 접촉을 피해야 한다. 어쩔 수 없이 존경하는 대상과 같은 자리에 있을 경우에는 공간적으로 그 대상보다 높은 자리에 있어서는 안 된다. 이런 관습은 식사 예절에도 그대로 드러난다.

줄루인의 식사예절은 없는 듯, 나름대로의 룰이 존재한다. 그 룰은 어른과 어린아이, 남자와 여자가 함께 식사를 하는 법이 드물다는 것이다. 현지조사를 하면서 머물렀던 친구 집은 '금남(禁男)'의 집이었다. 나를 제외하곤 모든 식구가 여자였다. 친구 어머니와 두 명의 손녀딸, 그리고 집에서 일을 도와주는 조카딸이 함께 살고 있었다. 그런데 식사시간이 되면 넓은 식탁에서 밥을 먹는 사람은 나와 집의 가장인 친구 어머니뿐이었다. 두 명의 손녀딸과 조카딸은 부엌바닥에 돗자리를 깔고 그 위에서 식사를 했다. 식탁에 자리가 남아있어도 절대 같이 앉아 식사를 하는 법이 없었다. 손녀딸들은 평소에 할머니에게 버릇없이 장난도 치고 투정도 부렸지만 이 식사예절만큼은 엄격하게 지켰다.

손녀딸과 조카딸이 부엌바닥에 앉아 식사를 하는 것은 한 집안의 가장(할머니)과 동등한 위치 또는 높은 위치에 있어서는 안 된다는 관습 때문이다. 이런 관습은 방문객과 집 주인의 관계에서도 나타난다. 앞서 언급한 할머니와의 인터뷰에서 현지조사 보조원은 할머니 집 앞에서 무조건 무릎 꿇고 앉았다. 무릎을 꿇고 앉음으로써 집주인에 대한 예의를 표하는 것이다. 이런 행동은 지위고하를 막론하고 남의 집을 방문할 때 지켜야 할 예절이다.

한 번은 마을 추장의 자문관이 내가 머물던 집을 방문한 적이 있었다. 줄루 농촌 지역에서 추장은 여전히 막강한 권력을 갖고 있는 권력자이다. 이 추장은 지역의 공유지를 주민들에게 배분해 줄 수 있는 권한과 함께 분쟁을 중재해 줄 수 있는 권한을 갖고 있다. 따라서 그 추장을 보필하는 자문관의 권력도 상당한 것이었다. 자문관은 이 지역의 원로 중 선발된 사람으로, 추장의 업무를 보조하고 조언을 해 주는 중요 인물이다. 자문관은 우연찮게 알게 돼 지역의 역사에 대해 인터뷰를 요청했었다. 그런데 흔쾌히 인터뷰 요청을 승낙하면서 집에까지 와 주겠다고 했다. 자문관이 내가 머물던 집을 방문한다는 소식은 마을에서는 큰 소식이었다. 당연히 내가 머물던 집에서도 난리가 났다. 대청소를 하고, 식탁보를 새로 깔고, 손님 맞을 준비를 했다.

약속시간을 훌쩍 지나, 저 멀리에서 낡을 대로 낡은 자동차 한 대가 털털거리며 달려오고 있었다. 자문관이었다. 집 앞에서 서성이며 자문관을 기다리던 나는 서둘러 집으로 들어가 친구 어머니에게 소식을 알렸다. 이미 최고의 겉치장을 마친 친구 어머니는 손녀딸과 조카딸에게 손님 맞을 준비를 시켰다. 나는 다시 밖으로 나왔다. 자문관의 차는 이미 집 앞에 도착해 있었다. 그런데 정작 자문관이 보이지 않았다. '어디 갔지?' 하는 의아한 생각에 차에 접근했다. 차는 시동이 꺼져 있었고, 운전석에도 자문관은 보이지 않았다. 이상한 생각에 차를 돌아 가 보니 자문관이 차 반대쪽에 쪼그리고 앉아 있었다.

자문관은 집 안에서 누군가 나와 자기를 맞아 주기를 기다리고 있었던 것이다. 결국 내가 자문관을 안내해 집 안으로 들어가 친구 어머니에게 인사를 시켜 드렸다. 자문관은 추장을 대신하는 상징적 인물이었다. 자문관이라는 권력의 소유자도 남의 집을 방문할 때, 자신을 한껏 낮춰 예의를 갖추는 모습이 매우 인상적이었다. 남의 집을 방문할 때의 예의는 방 안에서의 공간배치로 이어진다.

우리나라에는 윗목과 아랫목이라는 공간이 있다. 지금은 그 의미가 많이 퇴색했지만, 옛날에 살던 집에 구들장이 있었다. 한 겨울, 아궁이에 불을 때면 아랫목은 장판이 까맣게 타 버릴 정도로 절절 끓었고, 윗목은 냉골처럼 차가웠다. 아랫목은 아버지와 형의 몫이었고, 윗목은 어머니와 동생들의 몫이었다. 줄루인의 집에는 우리처럼 윗목과 아랫목의 구분이 없다. 하지만 방에는 손님이 앉는 자리가 정해져 있다. 참고로, 줄루 집에도 아랫목과 윗목이 있다. 옛날 우리나라처럼 구들장이 있는 집은 아니지만, 방에 들어서서 오른편이 아랫목이고 맞은편(왼편)이 윗목이다. 따라서 손님은 방문을 중심으로 왼편에, 집 주인은 오른편에 앉는 것이 관습이다. 일부 예외는 있지만 대부분의 경우 이 규칙이 지켜졌다. 줄루 사회에서 오른손(편)은 남성/주인을 왼손(편)은 여성/손님을 상징한다. 따라서 외부에서 방문한 손님이나 여자가 방에 들어 와서 왼편에 앉는 것은 줄루 사회의 오랜 관습이다.

2. 줄루인의 텃세 공간과 공간에 대한 인식

흘로니파 못지않게 줄루 사회의 독특한 관습은 공간에 대한 인식이다. '텃세 공간'이라는 것이 있다. 개인과 개인 사이의 심리적 거리를 말한다. 딱히 정해진 거리는 아니지만, 상대방에 따라 심리적으로 편안함과 불편함을 느끼는 상대적 거리의 차이를 말한다. 누구나 느낄 수 있고, 누구나 갖고 있는 거리감이다. 에스컬레이터를 타 본 경험이 있을 것이다. 에스컬레이터를 탈 때, 아주 혼잡한 상황이 아니라면 습관적으로 앞서 가는 사람에게서 한 두 칸 떨어져 에스컬레이터를 타는 자신을 발견할 수 있을 것이다. 왠지 낯선 사람이 옆에 바짝 붙어 섰을 때 느껴지는 불안감과 불편함 때문이다. 이것이 텃세공간이다. 딱히 "나 당신이 싫어 거리를 두어야 겠다"는 말로 표현하지 않지만, 낯선 사람과의 거리를 유지하려는 텃세 공간은 사회마다 문화마다 각기 다른 모습을 보여준다.

아프리카 사회는 공동체 성향이 강하다고 한다. 아프리카인은 친족과 혈연관계로 끈끈이 맺어져 있고, 집단의 이익을 공유한다는 이유에서이다. 물론 끈끈한 공동체 의식을 보여주는 아프리카 사회가 있을 것이다. 하지만 '아프리카'라는 용어 자체가 갖는 모호함을 접어 두더라도, 줄루 사회는 이런 추측에서 한참 벗어 나 있다. 줄루인은 매우 개인적인 성향을 갖고 있다. 그리고 그 성향은 줄루인이 텃세 공간을 유지하려는 성향에서 확인할 수 있다.

줄루 농촌은 대부분 '우무지(*umuzi*)'라고 부르는 집안이 모여 하나의 마을을 이룬다. 이론적으로 한 우무지에는 3대 내지 4대의 혈족이 살아간다. 조부모와 부모, 결혼한 자식과 그 손자들이 우무지의 기본 구성원이다. 이론적으로 말이다. 이런 우무지가 보통 작게는 수 십 개에서 수 천 개 모여 하나의 마을을 이룬다. 대부분의 우무지는 동성(同姓)을 사용하는 친척관계이다. 우리식으로 말하자면 집성촌(集姓村)을 이뤄 산다. 하지만 줄루 사회는 우리가 알고 있는 집성촌과는 거리가 멀다. 우리 촌락은 집들이 담벼락을 어깨삼아 다닥다닥 붙어

산개해 있는 우무지는 줄루 농촌의 공간에 대한 인식을 보여준다.
줄루인은 강한 개인주의적 성향을 갖고 있다

있는 군집형(群集形)이다. 집들이 모여 있는 마을을 중심으로 주변에 논과 밭이 펼쳐지고, 그 너머에 산과 들이 놓여 있는 구조이다. 이처럼 군집형 마을은 거주공간과 농경지, 그리고 자연환경의 구분이 뚜렷하다. 그런데 줄루 농촌은 산개형(散開形)이다. 집과 집이 붙어 있는 경우가 거의 없고 서로 충분한 공간을 확보한다. 집과 집 사이의 넓은 공간은 밭이나 정원, 마을 공유지가 놓여 있다. 집과 집 사이의 완충지대 역할을 하는 것이다. 이 공간이 의미하는 바는 무엇일까?

우무지는 담벼락이 없는 것이 특징이다. 설령 담을 친다고 해도 철망으로 엉성하게 둘러놓는 것이 보통이다. 이런 의미에서 줄루 농촌에는 사적 공간이 없다고 봐도 무방하다. 대문 밖에서 집 안에서 벌어지는 일을 훤히 들여다 볼 수 있기 때문이다. 하지만 이들은 이웃집과 이웃해 사는 것을 극도로 꺼려한다. 이웃에 대한 의심 때문이다. 서로

가 서로를 알아야 하면서도 간섭받기 싫어하는 모순이 여기에 있다.

이렇게 개방적이면서 사적인 공간의 모순은 줄루인의 신앙적 사고방식에서 비롯된다. 이 신앙적 사고방식은 '움타가티(*umthakathi*)'라고 부르는 악마와 관련되어 있다. 움타가티는 줄루 사회에 만연해 있는 '악마'의 개념으로, 줄루인은 이에 대한 막연한 두려움을 갖고 있다. 자기 개인이나 집안에 생기는 불행이나 질병 등의 원인은 대부분 움타가티에 있다고 보는 것이다. 그런데 움타가티는 신비한 존재이기도 하지만 살아있는 사람이기도 하다. 줄루인은 종종 이웃해 살고 있는 이웃이 움타가티일 가능성을 의심한다.

> 집과 집 사이는 평균적으로 50미터 가량 되어 보였다. 우리나라 농촌은 주택이 밀집해 있는 반면, 줄루 농촌은 집과 집 사이에 커다란 간격이 있었다. 집 주변은 밭이나 정원이 조성되고 여기에 옥수수나 야채를 재배했다. 궁금증이 생기지 않을 수 없었다. '왜 이렇게 집과 집 사이에 간격이 크게 떨어져 있는 거지?' 현지조사를 도와주는 친구에게 그 이유를 물었는데 딱히 만족할만한 대답은 돌아오지 않았다. 궁금증은 풀어야 하는 법. 기회가 생길 때마다 질문을 했다. 별로 만족스럽지 못한 대답 중에 일부 수긍할만한 것도 있었다. "우리는 움타가티를 무서워해. 그런데 많은 움타가티는 이웃에 살고 있거든. 그래서 우리가 거리를 두고 살고 있는 거야.

현지조사를 하면서 마을의 한 원로에게서 들은 대답은 집과 집 사이의 텃세 공간이 움타가티 탓이라는 것이었다. 마을 사람들은 이웃을 경계하는 동시에 이웃을 감시해야 했다. 집에 울타리가 없는 이유, 그리고 집과 집의 텃세 공간이 넓은 이유를 여기에서 찾아야 하지 않을까? 줄루 사회 구조는 기본적으로 '확대가족'을 근간으로 한다. 아버지와 아들, 손자로 이어지는 상속권과 형제들 사이의 협력이 사회를 유지하는 기본 틀이다. 그렇다고 해서 줄루인들의 공동체 의식이 강한 것도 아니다. 오히려 그 반대이다. 줄루인들은 매우 개인적이다.

줄루 사회에서는 자식이 결혼하게 되면 대부분 분가를 한다. 분가를 한 자식은 부모와 형제가 사는 근처에 정착하지만 바로 담벼락을 맞대고 집을 짓는 법이 없다. 자식은 부모와, 동생은 형과 충분한 텃세공간을 유지한다. 이들은 잠재적으로 경쟁 상대이기 때문이다. 형제와 자매는 집 안의 상속권을 놓고 다투며, 부모와 자식은 집 안의 주도권을 놓고 다툰다. 하지만 이들은 이런 다툼을 물리적으로 이끌어가는 대신, 종교적 저주를 통해 해결한다. 더 이상 부모형제와 살 수 없는 사람은 나머지 가족에게 저주(주로 움타가티와 관련된)를 던지며 집을 떠나게 된다. 그렇다고 해서 이들이 철천지 원수관계가 되는 것은 아니다. 필요에 의해서 이들은 서로 협동하는 관계를 유지한다. 결국 줄루 사회의 텃세 공간은 이런 다양한 갈등과 견제, 균형과 협동 사이를 조정하는 말없는 사회적 약속이다.

VI

아랍

6

아랍인의 비언어적 의사소통양식

최진영

1. 비언어적 의사소통양식이란

의사소통양식은 크게 언어적 의사소통과 비언어적 의사소통으로 구분된다. 언어적 의사소통은 언어적 지식에 의한 언어수행을 의미하는 반면, 비언어적 의사소통은 비언어적 요인, 주로 손짓, 몸짓, 얼굴표정, 눈동작, 어깨동작과 같은 몸동작과 음질의 변화, 피부접촉 등과 같은 언어가 아닌 요인에 의한 의사전달을 의미한다. 코라즈(J. Corraze)는 비언어적 의사소통을 다음과 같이 정의하고 있다.

> 비언어적 의사소통은 말 혹은 문서 등을 사용하지 않는 사람들간의 존재하는 의사소통의 모든 수단들을 의미한다.

즉, 비언어적 의사소통은 몸짓, 손짓, 얼굴표정, 태도 등과 같은 신체적 움직임인 제스처(kinesique)와 개인 간의 거리간격(proxemique),

그리고 억양, 톤, 음조 등과 같은 음질의 변화 등을 지칭한다.

일반적으로 비언어적 의사소통은 언어적 의사소통의 하위체계이지만 실제적인 발화 상황에서는 언어적 의사소통과 매우 밀접한 유기적 관계를 가지며 의사전달과정에서 매우 중요한 역할을 한다. 따라서 올바른 의사소통을 위해서 비언어적 의사소통양식에 대한 이해는 매우 중요하다. 더욱이 다른 문화권의 사람들과 의사소통을 할 경우, 비언어적 의사소통양식의 유형은 각기 문화권마다 독특한 의미와 형태를 갖기 때문에 그들의 비언어적 의사소통양식대한 이해는 언어적 지식 못지않게 중요하다.

이는 비언어적 의사소통양식과 문화 간의 상관관계를 고려할 때 충분히 설득력 있는 말이다. 홀(Hall)의 말을 빌리며 대부분의 인류학자들은 세 가지 특성을 들어 다음과 같이 문화를 정의하고 있다.

(1) 문화는 타고난 것이 아니라 획득된 것이다.
(2) 문화의 다양한 면들은 하나의 시스템을 구성한다. 즉, 문화의 모든 요소는 연관성이 있다.
(3) 문화는 공유되는 것이기 때문에 여러 그룹의 범위를 정한다.

홀의 견해에 따르면 모든 문화는 고유의 정체성, 언어, 비언어적 의사전달방식, 민족성, 역사 등을 포함하고 있다는 것이다. 이는 문화가 한 국민의 일상생활과 행동을 조건화 하고 사고방식까지도 영향을 준다는 것을 의미한다. 그럼으로 비언어적 의사소통양식도 문화적 상황에서 결정지어지고 해석되는 것이다. 즉, 인간의 제스처도 문화적 측면에서 이해되고 지각되는 것이다.

예를 들어, 우리나라와 같은 유교 문화권에서 인사는 간단히 하며, 불필요한 신체 접촉이나 제스처, 또는 큰소리로 말하는 것은 상대방에게 실례가 된다. 또한 상대방 가족의 상황을 묻는 것도 가급적 피하는 것이 상례이다. 그리고 미국인들과 대화를 할 때는 상대방의 얼굴을 응시하면서 이야기해야 하며 일정한 거리를 유지해야 한다. 그들에게 있어서 상대방의 시선을 피하는 것은 의견을 무시하는 행위로, 너무 가까운 거리에서 대화를 하는 것은 불쾌한 행위로 받아들여지기 때문이다.

이와는 달리 아랍인들의 의사소통양식은 다른 문화권과 비교할 때 독특하다. 예컨대 아랍인은 대화나 인사 중에 자신의 감정이나 행동에 관한 표시를 나타내려고 할 때가 많으며, 외국인들에게 자신의 생각을 인상 지우려 노력한다. 이 때문에 아랍인들은 목청을 돋우어 큰 소리로 말하거나 크고 과장된 제스처를 사용한다. 외국인에게 그와 같은 태도와 분위기는 긴박감이나 불쾌감 또는 불필요한 오해를 줄 수 있다.

또 아랍인은 대화 시에 의사전달 거리가 매우 짧아서 상대방의 어깨를 두드리며 팔을 잡거나 얼굴을 바싹 들이대고 상대방의 눈을 뚫어지도록 주시하는 등 상대방과 몸을 접촉하면서 대화를 한다. 이러한 특징은 아랍인들의 의사전달 양식이 고맥락(high context)상태에서 이루어지기 때문에 발생한다. 고맥락 상태에서 화자는 자신의 의사를 직접적으로 표시하기 보다는 제스처나 애매한 표현을 사용하여 표현한다. 이러한 접촉을 통한 인사는 특히 오랜만에 남자 친구나 귀한 손님을 맞이할 때는 껴안고 양 볼에 입맞춤하는 인사 형태로 나타난다. 재미있는 것은 아랍 사회에서 동성끼리는 껴안고 양 볼에 입맞춤하는 것이 허용되지만, 이성끼리는 가볍게 악수하는 것으로 그친다. 부부나 약혼자 또는 친척 여자에게는 껴안고 볼에 입맞춤할 수 있으나, 입술에 키스하는 것은 금한다.

아랍인들이 즐겨 사용하는 인사 중에 “인샬라(신이 원하신다면)”라는 표현이 있다. 아랍인들은 미래의 일에 대해 언급할 때 "인샬라"를 규범적으로 사용한다. 예를 들어, "나는 내일 차를 사게 될 거야, 인샬라", "내일 학교에서 만나자, 인샬라"라는 말은 "차를 사고 만나는 일이 내일 이루어질 수도 있고 그렇지 않을 수도 있지만 알라가 원한다면 이루어진다"라는 의미를 전달한다. 무슬림들은 오직 알라만이 미래의 일을 알고 주관한다고 믿고 있기 때문에 이 표현은 다분히 종교적 특성을 갖고 있다. 그러나 이 표현의 특성을 이해하지 못하는 외국인들에게는 부정적 이미지를 준다. 아랍인들은 시간과 약속 개념이 비교적 약한 편인데, 약속을 못 지키거나 시간을 어길 때 이 표현이 책임 회피나 핑계의 수단으로 외국인들에게는 인식되기 때문이다.

어느 아랍 국가의 영국 문화원에서 이 표현으로 인한 오해가 발생한 일이 있었다. 한 아랍 여학생이 책을 복사하기 위해서 책을 대출 받으려고 했다. 영국인 직원이 "언제 책을 반납하겠냐?"고 묻자 여학생은 "3일 내에 돌려주겠노라"고 말하면서 "인샬라"라 덧붙였다. 영국인 직원은 기겁을 하면서 "인샬라"라고 말하는 의도는 뭐냐고 물으면서 "오늘 내로 반납하라"고 말했다. 결국 그 아랍 여학생은 10분 만에 책을 돌려줬다.

이 일화는 외국인이 이 표현에 대해 얼마나 부정적인 이미지를 갖고 있는지를 잘 보여주고 있다. 한국인들 역시 아랍 세계를 여행하면서 아랍인과 약속을 할 때 가장 이해하기 어려운 표현이 바로 "인샬라"이다. 내일 만나자고 아랍인과 약속을 하는데 상대방이 "인샬라"라고 답할 때, 그가 나올지 안 나올지 확신할 수 없다면 얼마나 답답한 일이겠는가? 이러한 일들은 아랍 세계에서 다반사로 경험하게 된다. 따라서 이 표현의 진정한 의미를 이해하지 못한다면 아랍인들에 대한 부정적인 생각을 지우지 못할 것이다.

"인샬라" 표현은 이슬람 전통에 의해 전해 내려오고 있다. 이슬람을 따르지 않았던 불신자들이 예언자 무함마드의 믿음과 정직함을 시험하기 위해 다음과 같은 질문들을 던졌다. 첫째, 인간 영혼의 속성은 무엇이며 둘째, 인간의 출생과 죽음의 시기는 언제이냐? 그들의 속셈은 무함마드에게 대답하기 어려운 질문을 던져 그를 곤경에 빠뜨리려는 것이었다. 만약 무함마드가 질문에 답하지 못한다면 그는 난처해질 수밖에 없었다. 무함마드는 당장 대답을 못했다. 그 다음날에도 대답하지 못했다. 그러나 3일째 되는 날에 그는 천사 가브리엘을 통해 하나님으로부터 "인샬라"라는 대답을 얻었다.

이 이야기는 구전에 의해 전승된 것이지만 "인샬라"의 의미를 잘 설명해 주고 있다. 즉, 인간 영혼의 속성과 죽음의 시기, 그리고 미래와 관련된 모든 일은 인간이 답할 수 있는 것이 아니라 오직 알라만이 알고 답할 수 있다는 의미이다. 다시 말해 미래의 모든 일들은 알라의 의지에 따라 결정된다는 것이다.

주하의 일화도 전한다. 이 이야기는 "인샬라"가 왜 사용되어야 하는지를 잘 보여주고 있다. 주하는 사람들 앞에서 당나귀를 살 것이라고 말하면서 이 표현을 사용하지 않았다. 사람들은 "인샬라"를 말하지 않는 그를 탓했다. 그러나 그는 그들의 말에 귀를 기울이지 않았다. 이야기는 주하가 도둑들에게 돈을 빼김으로써 결국 당나귀를 사지 못하는 것으로 끝난다. 또 다른 이야기에서는 한 의사가 매우 위독한 소년을 치료하는데, 진료가 끝나자 그는 "인샬라"라고 말하지 않고 소년이 회복할 것이라고 말했다. 사람들은 이러한 의사의 경솔함을 탓했다. 이야기는 소년이 회복하지 못하고 결국 죽는 것으로 끝난다.

이슬람 전통과 주하의 이야기는 미래의 모든 일은 인간이 알지 못하며 다만 알라의 권능과 의지에 의해 결정된다는 것을 전해 주고 있다. 따라서 "인샬라"는 결코 무책임하고 핑계를 위한 표현이 아니라 불확실한 미래의 일이 알라를 통해 성취되기를 바라는 소망과 의지가 나타난 표현이다. 그러므로 아랍인들과 인사를 나눌 때 "인샬라" 표현은 이슬람의 종교적 특성에서 비롯된다는 점을 알아야 할 것이다.

본고에서는 아랍인들과의 의사소통 시 수반되는 비언어적 의사소통양식 중 특히 몸짓과 손짓 등의 제스처를 중심으로 그 유형과 의미를 살펴보고자 한다.

2. 비언어적 의사소통양식의 종류

2.1. 키네식스(Kinesics)

키네식스는 주로 몸짓, 손짓, 얼굴표정, 눈동작, 전신동작 등과 같은 신체동작 즉, 제스처와 관련된 의사소통분야이다. 본고에서 주로 다룰 분야가 키네식스이다. 데샹(Deschamps)은 제스처를 의미가 있는 신체적 움직임으로 정의했다. 다시 말해 제스처는 그 자체로 비언어적 언어전달에 속하는 의식적인 행위라는 것이다.

외국어를 배우는 경우 그 외국어가 속하는 문화권의 비언어적 의사전달의 모든 양상을 배우는 것은 그 언어를 습득하는데 필수적인 것이다. 그러나 문제는 비언어적 의사전달 방식이 문화마다 차이를 보인다는 점이다. 즉, 각 문화는 저마다 고유의 제스처의 유형을 갖고 있는 것이다. 이와 관련해 루이 포르쉐(Louis Porcher)는 제스처의 특성을 다음과 같이 규정하고 있다.

(1) 제스처는 끊임없이 변화하는 행위이다.

(2) 제스처는 시각적, 촉각적으로 지각될 수 있어야 한다. 즉, 제스처는 특정한 의사를 전달하기 위해 사용되어진다.

(3) 제스처는 임의적인 시스템이 아니다. 언어체계가 협약된 규칙이 있듯이 제스처도 각 공동체의 사회적 규범에 근거하는 규칙을 갖고 있다.

(4) 제스처는 문화적·민족적·사회적 소속을 나타낸다.

(5) 제스처는 문화적 측면에서 의미가 주어진다.

2.2. 프로제믹스(Proxemics)

프로제믹스는 비언어적 의사소통에서 공간의 의미와 조절에 관한 분야이다. 인간은 자기와 다른 사람과의 사이에 사적 공간을 만드는데 이는 스스로를 편안하게 만들기 위해 꼭 있어야만 된다고 느끼는 전체적인 간격을 의미한다. 의사소통 시 이 사적공간은 일종의 완충 역할을 하게 되며, 만약 이 공간이 깨어질 경우 불쾌감이나 오해 또는 긴장감이 수반된다. 따라서 인간은 원활한 의사소통을 위해 사적공간을 유지하려 한다.

아랍인들의 의사전달 공간은 앞서 언급했듯이 1미터 이하로 매우 좁다. 즉, 그들은 대화시에 상대방과 밀착된 상태에서 이야기하기를 좋아한다. 반면에 서양인들은 대화자사이에 일정한 거리를 유지하며 대화자끼리 서로 몸이 닿는 것을 꺼려한다. 그래서 미국인과 아랍인이 복도의 한쪽 끝에서 이야기를 시작하면 이야기가 끝날 때쯤이면 다른 복도의 끝 쪽에서 이야기한다는 우스개 소리가 있다, 이는 문화권마다 사적공간의 차이가 언어소통에 커다란 영향을 준다는 것을 잘 나타내주고 있다.

2.3. 준언어(Para-language)

준언어는 의사소통의 비언어적 요인인 음성과 관련된 의사소통양식이다. 즉, 소리의 크기, 어조, 빠르기, 음폭 등과 같은 음성적 현상을 통해 의사를 전달하는 형태이다. 일반적으로 아랍인들의 준언어 행위로는 자가리드(Zagārīd)와 수와트(Ṣuwāt)가 있다. 자가리드는 혀놀림을 이용하여 소리를 내는 것으로 호곡 행위와 대조적인 기쁨이나 희열을 언어적 표현이 아닌 음성에 의해 전달하는 행위이다. 따라서 키넥시스의 범주에 속하는 제스처로 볼 수도 있지만 준언어로 간주된다.

아랍 여인들은 희소식을 듣거나 결혼식 또는 할례식 등과 같은 축하행사에서, 그리고 성지순례를 마치고 돌아올 때 자가리드를 하는 관습이 있다.

수와트는 고뇌와 비통함을 신음소리, 호곡 등 음성으로 표현하는 양식을 의미한다. 주로 장례식에서 여인들이 수와트를 통해 슬픔을 표현하며 고인과 유족에 대한 동정을 표시하기도 한다. 가족 중 한 여인이 나와 수와트를 통해 고인의 이름을 부르면서 호곡을 하게 되면 다른 여인들이 몰려나와 호곡 행위에 동참하게 된다. 째지는 듯한 소리를 내면서 호곡을 하게 된다.

2.4. 햅틱스(Haptics)

햅틱스는 비언어적 의사소통에서 접촉행위를 다루는 분야이다. 즉, 악수, 포옹, 애무, 키스 같은 신체 접촉 행위를 포함하는 영역이다. 아랍인들의 신체적 접촉은 주로 인사 의식인 악수와 키스에서 찾아볼 수 있다. 일반적으로 신체적 접촉을 통한 인사는 특히 오랜만에 남자 친구나 귀한 손님을 맞이할 때는 껴안고 양 볼에 입맞춤하는 형태로 나타난다. 재미있는 것은 아랍 사회에서 동성끼리는 껴안고 양 볼에 입맞춤하는 것이 허용되지만, 이성끼리는 가볍게 악수하는 것으로 그

친다. 약혼자 또는 친척 여자에게는 껴안고 볼에 입맞춤할 수 있으나, 입술에 키스하는 것은 금한다. 그리고 여자의 경우는 손님이 올 때 서로 오른손을 맞잡고 그 손을 입으로 가져가고 볼에 입 맞출 때처럼 서로의 손을 입맞춤하고 볼에도 입맞춤을 한다.

일반적으로 젊은이들이 연장자에게 손에 입맞춤을 하며, 동년배들끼리는 악수를 하거나 볼에 가볍게 입맞춤을 한다. 여럿이 모인 자리에서는 보통 연장자에게 먼저 인사를 하고 이슬람방식 즉 오른쪽에서 왼쪽으로 가볍게 볼에 입맞춤하는 인사를 하게 된다. 그러나 커피를 마시거나 식사를 하는 경우에는 신체적 접촉대신 단지 인사말만 건네고 모인 사람 중에 가장 중요한 인물이나 연장자가 대표로 인사를 받는다. 일부 아랍지역에서는 동년배의 남성끼리 팔짱을 끼고 거리를 다니는 모습을 쉽게 볼 수 있는데 이 역시 상호간의 친밀감을 드러내 보여주는 일종의 의사소통 방식이라고 할 수 있다.

3. 아랍인의 제스처 유형과 의미

아랍인들의 신체동작 즉, 제스처에는 몸짓, 손짓, 얼굴표정, 눈 동작, 전신동작 등과 같은 동작들이 포함되어 있다. 일반적으로 신체동작은 무의식적으로 행하는 동작과 명백한 의미를 전달하는 동작으로 구분된다. 예를 들어, 머리를 긁거나 다리를 흔드는 동작은 무의미한 동작이다. 따라서 이러한 무의미한 동작은 제외하고 특정한 담화 속에서 의사를 전달하는 제스처를 중심으로 그 유형과 의미를 알아보고자 한다.

(1) 담화를 수반하지 않고도 충분히 이해 가능한 상징적인 의미를

지닌 동작

① 동작: 고개를 상하로 끄덕이며 동시에 양 눈을 껌벅거린다.

의미: "예"또는 "그렇다"라는 의미를 전달하는 긍정의 제스처이다.

② 동작: 눈썹을 치켜 세우며 혀차는 소리를 낸다. 동시에 집게손가락을 세워 좌우로 흔들어댄다.

의미: "아니오" 라는 부정의 의미를 전달한다.

③ 동작: 입을 삐죽 올리면서 어깨를 동시에 올린다. 이 때 두 손은 하늘로 향해 양쪽으로 벌린다.

의미: "모르겠습니다" 또는 "내 잘못이 아니다"의 의미를 전달한다.

④ 동작: 머리를 옆으로 좌우로 흔든다. 이때 입은 약간 벌리고 눈썹은 치켜 올린 상태가 된다.

의미: "말이 안 들립니다" 또는 "이해가 안 됩니다"라는 의미를 전달한다. 이때 아랍어표현 na'ām?이 쓰이기도 한다.

⑤ 동작: 한쪽 손의 손가락을 피라미드 형태로 한데로 모아 상대방을 향해 흔들어댄다.

의미: "잠깐만 기다리시오" 또는 "서두르지 마시오"를 뜻한다. 이때 흔히 아랍어 표현 'istannā(잠시만요) 또는 'Uṣbur(참고 기다리세요)가 사용된다.

⑥ 동작: 피라미드형으로 모은 손가락을 상하로 흔들어대며 '휴' 소리를 내거나 손을 입에 대어 입맞춤 소리를 낸 다음 손가락을 편다. 마그립 지역에서는 한 손을 상하로 흔든다.

의미: "아무개가 정말 아름답다 또는 매력적이다"를 뜻하거나 "어떤 일이 잘 처리되었다"를 의미를 전달한다.

⑦ 동작: 집게손가락을 세운 채로 오무린 입가에 갖다 댄다.

의미: "조용히 하시오"의 뜻을 전달한다.

⑧ 동작: 팔을 앞으로 뻗어 손은 아래쪽으로 향하게 하며 이때 손가락을 한데 붙

여 모아 자기 쪽으로 손짓한다.

의미: 다른 사람을 부르는데 사용되는 동작으로서 이때 주의할 점은 한 손가락만을 세워서 손짓하는 것은 상대방에게 무례한 행위가 된다.

⑨ 동작: 한쪽 손을 위까지 올렸다가 상대방의 손바닥을 힘껏 내려친다.

의미: 대화 중 서로 의견이 일치되었음을 나타내는 동작이다.

(2) 일반적으로 특정 대화 시에 사용되는 회화(繪畵)적 의미의 동작

① 동작: 가슴 앞에서 양 손을 떠는 동작을 한 후에 양 손바닥을 위로 향하면서 좌우로 멀리 벌린다.

의미: "어떤 일이 끝났다"의 의미를 나타내며, 이때 khalāṣ(끝났어) 라는 표현이 함께 사용된다.

② 동작: 주먹을 반쯤 쥐고 오른 쪽 엄지를 집게손가락에 대고 위, 아래로 비빈다.

의미: 돈을 상징하며 돈에 관한 표현이 따른다.

③ 동작: 오른손을 편 채로 왼쪽 가슴에 갖다 대며 약간 머리를 숙인다.

의미: 사양의 의미를 전달하며 lā shukran(됐습니다)이라는 표현이 함께 사용된다.

④ 동작: 오른쪽 손바닥을 펴서 상대방을 향해 들어올린다.

의미: 약식의 인사로 대개 salām 이라는 표현이 뒤따른다.

⑤ 동작: 왼손을 들어 상대방에게 내민다.

의미: 이는 "너의 눈은 흉안이다. 하지만 나는 흉안으로부터 내 몸을 지킬 것이다"라는 의미를 전달한다. 아랍인들의 미신인 흉안으로부터의 재앙을 막는 일종의 부적처럼 사용되는 동작이다. 이때 khamsah fī ʿaynak(너의 눈에 다섯 개)라는 표현이 사용된다. 이 동작은 불행을 상대방에게 전가하려는 의도적인 행위이다. 따라서 외국인은 아랍인에게 왼손을 내밀어서는 안 된다.

⑥ 동작: 턱 끝을 오른 손 엄지와 집게 사이에 놓고 잡아당긴다.

의미: 어떤 언행에 대한 부정이나 비난을 뜻한다. 대개 ʿayb(수치, 부끄러움)이라는 표현이 함께 사용된다. 턱 끝은 아랍인들이 전통적으로 명예나 체면과 동일시하는 턱 수염을 상징한다.

⑦ 동작: 양 손바닥을 하늘로 향한 채 두 팔을 벌리고 머리는 약간 위로 쳐든다.

의미: 신을 찬미하는 행위이다. 이때 일반적으로 subḥāna llāh(알라에게 찬미를!)라는 표현이 뒤따른다.

⑧ 동작: 집게 손가락을 콧등의 중간부분에 가로 얹는다.

의미: 흔히 어린이들이 상대방을 약올리기 위해 사용하는 동작이다. 아랍어의 관용구 raghma 'anfihi(-를 무시하고, 상관없이)는 이 제스처의 의미에서 유래된 것이다.

⑨ 동작: 약간 몸을 숙이고 오른손을 왼쪽 가슴에 얹고 그 다음 입술, 이마로 차례로 옮겨간다.

의미: 아랍남성들의 정중한 인사 제스처로서 "당신은 항상 나의 마음속에, 내가 말하는 이야기와 나의 생각에 있다"라는 의미를 나타낸다. 이때 al-salāmu ʿalaykum wa raḥmatu llāhi wa barakātuh(당신에게 평화와 신의 자비와 축복이 함께 하시기를)라는 표현이 사용된다.

⑩ 동작: 위 동작에 대한 약식 동작으로 오른 손을 왼쪽 가슴에 얹는다.

의미: 인사말 al-salāmu ʿalaykum이 사용된다, 또는 고마움을 나타내는 인사말을 할 때 이 제스처가 사용된다.

⑪ 동작: 오른 손의 집게손가락을 펴서 머리를 가리키거나 머리에 대고 좌우로 돌린다.

의미: 상대방을 경멸하는 동작으로 "당신은 제 정신이 아니오"라는 의미를 나타낸다.

⑫ 동작: 앉아 있을 때 신발의 아랫부분을 보여준다.

의미: 이슬람 전통에서 신발의 아랫부분을 보여주는 것은 상대방에 대한 경멸

또는 조롱의 의미를 담는다. 무슬림들은 신발을 하찮은 사물의 상징으로 보기 때문에 신발의 아랫부분을 보이는 것은 삼가야 한다. 예전에 부시 대통령이 이라크 바그다드에서 기자회견할 때 한 참석자가 신발을 던진 적이 있는데 이는 매우 경멸적인 행위로 볼 수 있다.

대화 시 제스처를 포함한 비언어적 의사소통양식이 언어 못지않게 중요한 것은 비언어적 메시지가 전하는 의미를 간파하지 못하면 언어 메시지가 전하고자 하는 진의를 제대로 파악할 수 없기 때문이다. 따라서 비언어적 의사소통양식을 이해하는 것은 대화 시 일어날 수 있는 불필요한 오해나 긴장감을 해소하는데 큰 도움이 된다.

지금까지 살펴본 아랍인들의 제스처는 신체 동작에 의한 키네식스 분야가 대부분이었다. 그 결과 아랍인들은 손짓, 몸짓, 눈동작, 얼굴 표정, 전신동작 등 신체 동작에 의한 다양한 제스처를 구사하고 있음을 알 수 있었다. 또 하나 햅틱스 분야에서는 주로 포옹과 입맞춤이 대부분을 차지하고 있는데, 이러한 신체적 접촉은 상대방에게 적대감을 품지 않도록 하기 위해 안심시키는 행위나 상대방의 적의가 있는지를 탐색하는 행위로 유목 사회의 특성을 반영하고 있다. 또 이성간에 신체적 접촉이 제한되는 것은 여성이 피트나(유혹)의 근원으로 남자의 명예와 수치심이 여성의 행동여부에 따라 달렸다는 아랍사회의 가치체계와 여성을 보호해야 한다는 여성에 대한 이슬람적 보호관에 기인한다고 볼 수 있다. 따라서 이러한 문화권에서는 동성 간에 신체적 접촉은 가능하나 이성 간의 신체적 접촉은 상당히 제약될 수밖에 없다.

VII 인도네시아

7

인내와 회피, 간접 화법의 미학

송승원

바디랭귀지(Body Language)는 말이나 글 등의 협의언어(狹義言語) 대신 몸동작이나 제스처로 상호간 커뮤니케이션을 하는 수단이다. 바디랭귀지는 한 사회의 문화와 사회 조직을 둘러싼 다양한 양상이 표현되는 수단이다. 이에 따라 바디랭귀지를 이해한다는 것은 그 공동체의 문화를 이해할 수 있다는 점에서 문화 분석의 텍스트로도 기능하기도 한다.

인도네시아는 동남아시아에 위치해 있으며 적도의 열대우림기후대에 속해 있다. 한반도의 9배에 달하는 국토 면적과 자바족, 순다족, 부기스 족 등 300여 종족으로 이루어 진 복합사회이다 보니 국가적 맥락에서 바디랭귀지를 요약해 내는 것은 쉬운 일은 아니다. 종족마다, 아니 그보다 하위 그룹 별로 다양한 바디랭귀지가 존재하기 때문이다. 그러나 국가를 기본 단위로 하는 본 저서의 콘셉트 속에서 필자는 인도네시아에 가장 관광객이 많이 방문하고 체류하는 자바와 발리 문화권을 중심으로 존재하는 몇 가지 바디랭귀지를 요약해 보고

자 한다.

이 짧은 글에서 필자는 단순히 인도네시아에서 사용되거나 금기시되는 바디랭귀지의 지엽적 소개가 아니라, 몇 가지 바디랭귀지를 둘러싼 문화적 이해에 보다 초점을 맞추었다. 이러한 문화적 단편을 염두에 둔다면 인도네시아에 체류하거나 비즈니스를 시작할 때 도움이 되리라 생각한다.

1. 인사법 및 신체에 관련한 바디랭귀지와 관계 맺기의 특징

인도네시아 인구의 대부분을 차지하는 말레이계 인도네시아인들의 성향에 대해서 범지구적으로 회자되는 몇 가지 이야기들이 있다(원래 '말레이'라는 용어는 수마트라 동부와 말레이시아 반도에 걸쳐 살던 말레이 종족을 일컫는 말이었다. 보다 근본적으로는 말레이시아의 말라카를 중심으로 번영했던 멀라카 왕국의 왕족을 일컫는 말이었다. 19세기에 네덜란드 식민통치자들이 군도의 수백의 종족을 통칭하기 위해 말레이라는 말을 말레이시아와 인도네시아에 사는 원주민을 일컫는 용어로 사용하기 시작하면서 인종을 일컫는 용어로도 사용되고 있다). 19세기의 네덜란드 식민 시기부터 본격적으로 유포되기 시작한 말레이인들의 성향에 관한 통념에 따르면, 이들이 친절하고 타인과 처음으로 접촉 시에도 거리낌 없이 대화를 나누는 등 상당히 유연하고 노련한 관계 맺기가 가능하며, 성격이 온순하지만 게으르다는 것이다. 실제로 인도네시아에 거주하거나 비즈니스를 하면서 인도네시아인들과 장기간 접촉해 본 한국인들도 말레이 인종에 대해 이와 유사한 평가를 내려 왔다. 얼핏 보기에 꽤 괜찮은 평가같이 보이나, 사실 이런 묘사는 교묘한 식민담론을 내포하고 있다고 볼 수 있다. 식민담론의 정치성에 대해 비판 담론을 구축해 온 에드워드 사이드는 '오리엔탈리즘'론을 통하여 서양인이 바라본 동양인에 대한 시선에 대해 논했다. 그는 식민주의자들이었던 서구인들이 식민담론을 통해 서양인들이 이성과 질서, 일상생활 속의 부르주아적 태도 등을 소유한 반면, 타자(他者)로서의 동양인들은 미개하고 감정적인, 비이성적 존재라는 인식을 유포했다고 주장했다. 또한 서구인들은 식민지배하는 원주민들이 순박하고 여성적인 존재인 반면 자신들은 공격적이고 남성적이라 구분하며, 의도적으로 원주민들의 공격성을 억제하려 했다는 것이다. "친절하고 순박한, 그러나 게으르기 짝이 없는 말레이인" 이라는 관념도 역시 식민주의자들이 구축한 것으로, 이제는 우리가 이를 극복하고 말레이인들에 대한 보다 깊은 이해를 통해 이들을 이해하려는 노력이 필요하다("게으른 말레이인"이라는 통념은 대표적인 식민담론이라 볼 수 있는데, 이에 관해 사실상 말레이인이 게으른 것이 아니며, 서구 식민주의자들이 식민통치의 정당화를 위해 민족성을 고의적으로 부정적으로 묘사한 것이라는 주장을 편 Syed Hussein Alatas, 1977. *The Myth of the Lazy Native: A Study of the Image of the Malays, Filipinos and Javanese from the 16th to the 20th Century and Its Function in the Ideology of Colonial Capitalism* (London: Frank Cass and Company, Ltd) 를 참조할 수 있다).

우선 말레이인들이 관계 맺기의 초반기에 타국민들보다 친절하고, 초기 관계 맺기에 매우 유연하고 적극적인 태도를 보인다는 것은 사실이다. 미국에서 유학 시절, 아시아에서 온 유학생 그룹에 대해 미국인이 관찰한 짧은 글을 읽은 기억이 난다. 친미계 베트남 유학생들은 매우 성격이 폐쇄적이고 수줍음을 잘 느끼며, 자국민들끼리만 똘똘 뭉쳐 다니는데 반해, 같은 동남아시아에서 온 인도네시아 유학생들은 전 세계 유학생들과 단숨에 친해져 버리는 놀라는 사교성을 자랑한다는 것이다. 필자가 유학한 2000년대 초반에도 인도네시아인들은 외국 친구들과 쉴 새 없이 떠들고 웃고, 소통하는 것이 목도되었으므로, 인도네시아인들의 놀라울 만한 친화력에는 과연 동의하지 않을 수 없었다. 이런 친화력의 이면에는 원래 인도네시아의 전통시대에 유명한 국제무역 왕국들이 많았고, 따라서 외국 무역상들과 선교사, 종교인들과의 교류가 많아 일찍이 코즈모폴리턴적인 성격이 형성되었고, 다종족이 모여 사는 국가인지라 이방인에 대해 상대적으로 거부감이 적다는 데서 원인을 찾아 볼 수 있을 듯하다.

어찌 되었든 이런 문화 속에서 외국인이 인도네시아 사회에 진입시 겪을 일들은 분명 서구나 동아시아 문화권과 비교해서 특별한 점이 많다. 타인과 초반 관계 맺기에 상당히 능한 말레이인들의 성향을 고려한다면, 외국인이 인도네시아 사회에 진입을 시도할 때 인사를 "잘" 하는 것의 중요성은 더할 나위 없이 크다. 필자는 수년 전 자카르타에서 현지조사를 수행하기 위해 꼬스(kost) 라고 불리는 인도네시아식 하숙집에 머무른 적이 있었다. 필자가 여행 가방을 끌고 택시에서 내려 하숙집이 위치한 골목길에 나타난 순간, 골목에 나와 있던 동네 주민들이 일제히 필자를 쳐다보았다. 사실 인도네시아인들은 날씨가 덥다보니, 혹은 문화 자체가 남녀를 불문하고 수다 떨기를 좋아해서인지, 집 안에 들어앉아 있기보다는 집 근처 골목에 나와 이웃들과 가벼운 수다를 떨고 있는 경우가 많다. 이러한 행위를 일컫는 농끄롱(nongkrong) 이란 단어가 있을 정도이니 이쯤 되면 "수다 떠는" 문화가 존재한다고 보아도 무방하다. 어쨌건 낯선 자가 지나가건 말건 별로 신경을 쓰지 않는 서울의 골목과는 달리 인도네시아인들은 타인에게 "과도할 정도의" 관심을 가진다. 이때 처음 만났으며, "앞으로의 내 인생과 별 관련이 없어 보이는" 주민들에게 가벼운 눈 맞춤과 함께 짧은 인사를 건네는 것은 사실 앞으로 얼마간이 될지 모르는 동네 살이의 운명을 결정하는 일이다. 하숙집 입성 다음 날, 외출을 위해 골목에 들어서자 사떼(꼬치구이) 포장마차 주인이 필자를 반갑게 반긴다. 짧은 거리를 신속히 이동시켜 주는 유용한 교통수단인 오젝(오토바이 택시) 기사는 심지어 어떻게 알고 내 이름까지 불러댄다. 하룻밤 자고 일어났더니 온 동네 사람이 다 나를 알고 있다는 느낌이 든다. 물론 필자도 이러한 관심에 부응해 이것저것 필자의 체류 목적에 대해 설명을 해 주었다. 처음 인도네시아에 와서 이런 일을 겪었을 때는 그런 관심이 부담스럽고 마치 동네 사람들에게 감시당하는 느낌도 들어 싫기만 했다. 인도네시아를 드나든 지 수년이 되어서야 타인에 대한 관심에는 외국인에 대한 단순한 호기심의 차원을 넘어 다른 이유가 있다는 것을 깨달았다.

인도네시아의 대부분의 지역, 특히 전통 생활양식을 고수하고 있는 농촌사회에서는 낯선 타인의 등장은 종종 동네의 안보에 위협적 존재로 비춰진다. 인도네시아 사회에서는 사실 도둑이 많고, 경찰의 수는 동네 방방곡곡을 순찰하기에 턱없이 부족한 터라 인도네시아 정부는 일찍이 경찰순찰업무를 대신할 주민자치순찰대를 조직하게 했다. 마을 청년들이 돌아가면서 밤에 순찰을 하다가 도둑을 발견하면 방범초소에 설치된 종을 울려 마을사람들을 깨워 도둑을 잡는다. 인도네시아인들의 도둑에 대한 혐오는 대단해서, 타인이 마을에 들어오면 그 사람이 그 어떤 범죄를 저지를만한 위험한 대상인지 아닌지를 애써 살핀다. 어찌 되었든, 하숙집 골목의 주민들이 필자의 "이름을 불러 주었을 때", 즉 더 이상 위험한 인물로 보지 않게 되었을 때, 필자는 비록 '꽃'이 되지는 않았지만 여러 편의를 제공받을 수 있었다. 필자가 며칠 후 친구들과 술을 한 잔 하고 밤늦게 친구 차를 타고 귀가를 하노라니, 골목 어귀에 바리케이드가 쳐져 있는 것이 아닌가. 그리고 그 옆에는 연세가 좀 있으신 주민 분이 피곤을 이기지 못하고 꾸벅 꾸벅 졸고 있었다. 바리케이드를 치고 통행자를 감시하는 것은 주민 자치 순찰의 일환이었다. 우리 차가 진입하자 일단 차를 막아 세운 주민은 필자의 얼굴을 보자마자 “너 저 위에 하숙집 사는 한국인이구나?”라고 말하며 바로 통과를 시켜 주었다. 만일 그때 필자를 전혀 모르는 주민이 검문을 했더라면, 그 자리에서 신분증을 제시하고 이 동네에 온 목적 등을 장황히 설명해야 했을 것이고, 아마 하숙집까지 동행해 자는 직원들을 깨워야 했을 것이다. 이런 경험으로 비추어 볼 때, 인도네시아에 간 외국인들은 현지인들의 “호기심 어린 눈으로 쳐다봄”이라는 바디랭귀지를 “나에 대한 정보를 원함” 그리고 “정보를 주지 않으면 재수 없으면 잠재적 범죄자로 몰고 갈 수 있음” 정도로 해석해도 무리가 없을 것 같다.

이제부터는 인도네시아에서 타인과 인사를 할 때 인사법과 신체에 관련한 주의 사항에 대해 알아보겠다. 인도네시아는 아랍의 이슬람과는 사뭇 다르지만 어찌 되었든 이슬람의 영향권에 속해 있으며, 최근 들어 이슬람이 보수화되는 경향도 나타나고 있다. 이런 문화 속에서 아무래도 신체적 접촉을 최소화하는 방향으로 인사법이 발달했다. 앞서 설명한 듯, 타인 간 초기 접촉 시에는 가벼운 눈 맞춤과 “할로”(halo: 헬로)라는 인사 정도를 하는 것이 좋으며, 보다 본격적인 관계 맺기를 위해서는 보다 다양한 여러 인사법이 사용된다. 가벼운 목례나 악수 법은 대표적인 인사법이다. 다른 이슬람 국가에서도 그렇듯 악수는 여성이 남성에게 먼저 청하는 것이 매너이다. 왼손을 사용하는 것은 금기시 되는데, 화장실에서 청결을 담당하는 것이 휴지가 아닌 양동이에 담겨 있는 물과 왼손이기 때문이다. 왼손을 불결하게 느끼기 때문에 식탁 위에는 왼손을 올리지 않으며, 음식을 손으로 먹는 전통 식사법에서도 반드시 오른 손만 사용한다. 또한 물건을 주고받을 때도 되도록 오른 손으로 주고받아야 하며, 만일 피치 못한 사정으로 왼 손을 사용하는 경우 이에 대해 해명이 필요할 수도 있다. 서구식으로 악수를 하는 것은 일반적으로 사용되는 인사법이지만, 간혹 무슬림들 중에 타인과, 특히 다른 성별의 사람들과 인사를 나눌 시 종교적인 차원에서 터치를 꺼려하는 경향이 있다. 이때는 두 손을 모으고 머리를 숙이며 인사를 하거나, 맞닿은 두 손의 끝을 상대방의 손끝과 닿을 듯 말 듯 하게 인사를 나눈 후 자신의 손끝을 자기 가슴으로 가져가는 인사법을 주로 사용한다. 이런 인사법은 두 가지로 그 의미가 해석되는데, 손끝을 가슴으로 가져가는 것의 표면적인 의미는 "진심을 다해" 당신을 환영한다는 의미이지만, 친한 인도네시아인에게 듣자 하니 서로의 손끝이 닿지 않게 인사를 하는 것은 '비무슬림 외국인'과의 신체 접촉이 '오염'을 가져올 수 있다고 믿기 때문이란다. 간혹 연배가 어린 사람들이 윗사람과 인사할 때, 윗사람의 손을 잡고 그 손등을 자신들의 이마에 대기도 한다. 인도네시아어로 '살림(salim)'이라고 부르는 데 연장자에 대한 특별한 존경의 표시이다. 그러나 이런 인사법은 인도네시아인들끼리만 사용한다. 친한 여성들끼리는 인사 할 때 오른쪽 볼과 왼쪽 볼에 입술을 살짝 대는 서구식 인사를 하는 경우도 많다.

신체와 관련해 금기시 되는 동작들을 정리해 보면 다음과 같다. 외국인이 어린 아이 등을 만나서 귀엽다는 표시로 머리를 만지는 것은 금기사항이다. 인도네시아에서 사람의 머리는 하늘과 가장 가까운 곳으로 신성한 곳이자 영혼이 머무는 곳이다. 또한 베개를 방석으로 사용하지 말아야 하는데, 이것도 역시 머리를 눕히는 도구이기 때문이다. 신체 기관 중에서 가장 낮은 위치를 차지하고 있는 발은 가장 오염되고 불경한 기관으로 여겨진다. 아마도 이것은 높이와 관련지어 성스러운 공간과 불결한 공간을 나누는 전통 인식 때문인 듯 보인다. 전통 주상가옥 내에서 신이 거주하는 하늘과 가장 가까운 공간, 즉 서까래나 다락방 등이 신성한 공간으로 여겨지는 반면 주상가옥의 집 바닥과 땅 사이의 공간은 가장 불결한 공간으로 여겨지는 것도 이러한 맥락에서 이해 가능할 것이다. 어찌 되었든 이런 이유로 앉아 있을 때 발바닥을 마주앉은 사람이 보게끔 들고 있는 것은 상대편의 영혼에 대한 공격이라 간주된다. 또한 테이블 위에 발을 올려놓는 다던가, 어떤 사물이나 사람을 가리킬 때 발가락을 사용하는 것도 공손치 못한 행위로 간주된다.

손가락을 사용한 신호에도 금기사항이 존재한다. 검지나 기타의 다른 손가락 한 개를 이용하여 누군가를 부르는 것은 모욕적이라 여겨진다. 만일 손을 이용하여 누구를 부르고자 한다면 오른 손의 손바닥이 아래로 향하게끔 하고 부른다. 무엇인가를 가리킬 때는 검지가 아니라 엄지를 이용해야 한다. 코를 푸는 것은 무례한 일이나 재채기를 하는 것은 괜찮다. 동양의 문화답게 집이나 모스크 등 종교사원에 들어 갈 때는 반드시 신발을 벗어야 한다. 자살을 의미하는 것은 인도네시아에서 손가락을 목에 갖다 댄다. "미쳤다"라고 표현할 때는 집게손가락을 눈썹 부분에 손가락을 갖다 댄다. 혀를 내 놓는 것, 입술을 아래로 까뒤집는 것 등은 상대방을 창피를 주거나 모욕하는 표현이다.

2. 감정을 삭이는 문화와 루꾼(Rukun), 그리고 바디랭귀지

앞서 이야기한 바대로 통상 말레이인들의 대표적인 성향으로 "순하고 복종적이다"라는 말들을 한다. 그러나 이것은 표면적인 이해일 뿐, 보다 심층적인 시각에서는 "순하다"라는 말은 타당하지 않다고 본다. 인도네시아에 한국 기업들이 앞 다투어 진출하기 시작한 초창기에는 이러한 문화를 이해하지 못해 숱한 문제가 발생했다. 무엇보다 한국식 업무에 익숙하지 않은 근로자들이 일을 느리게 처리하거나 하면 한국 직원들이 큰 소리로 욕을 하거나 호통을 치곤했다. 그러면 말레이인들은 거의 예외 없이 꿀 먹은 벙어리가 된 채 호통에 "죄송하다"는 식의 수동적 대응만을 할 뿐이었다(인도네시아에 다양한 종족이 있는데, 이 중 바딱 족이나 암본 사람들의 경우에는 성격도 급하고 화도 잘 낸다고 알려져 있다. 그러나 대부분의 종족들, 특히 자바족의 경우 화를 내는 문화란 존재하지 않는다). 사실 예전 식민시대에도 고압적인 관료들에게 말레이인들이 이런 태도로 일관했으므로, 좀처럼 화를 내지 않는 "순한" 말레이인에 대한 인식이 형성된 것도 무리는 아니다. 그러나 여기서 반드시 짚고 넘어가야 할 것은 그들이 화를 내지 않는 이유는 "성향이 순하거나 화가 나지 않아서"가 아니라 "분노나 슬픔, 절망 등의 개인적 감정을 공적으로 표출"하는 것이 사회적으로 금기시되는 문화가 존재하기 때문이다.

말레이인들이 결코 순한 사람들이 아니라는 증거는 도처에 널렸다. 비교적 최근만 해도 1998년 수하르토 대통령의 갑작스런 하야 이후 도래한 무정부 상태에서 벌어진 수만 명의 희생자를 낳은 종족 간, 종교간 살육, 중국계 인도네시아인들을 향한 강간과 살인, 방화, 그리고 마을의 잡 도둑들을 마을 주민들이 잡아다가 산채로 불태워 죽이거나 때려죽이는 등의 무자비하며 선정적이기까지 한 민간폭력의 사례는 무궁무진하다. 비단 무정부 시기뿐만 아니라 1970년대 한국기업들이 인도네시아에 진출 초기에 평소 순하던 인도네시아 직원이 어느 날 갑자기 한국인 소장을 찾아와 등 뒤에서 칼을 박고 달아난 사건도 심심치 않게 발생하곤 했다. 외국인들이 이런 일을 겪게 되면 첫 번째로 드는 생각은, "순한 말레이인들이 도대체 왜," 그리고 "화가 났다면 말로 풀면 될 것을 왜 사전 낌새도 없이 칼을 휘둘러" 해결할까 일 것이다. 우스갯소리지만 수마트라 남부의 팔렘방시의 사람들이 제법 거칠기로 소문이 났는데, 어떤 사람이 어느 날 싫어하던 사람에게 조용히 다가가서 뒤에서 칼로 찌르고는 쓰러진 사람에게 자신이 평소 이러이러한 불만이 있었노라고 '사후' 설명을 한다 하니 분노를 표현하는 메커니즘이 우리와 얼마나 다른지를 짐작해 볼 수 있다. 다시 말하자면 분노를 표출하는 것이 금기시되는 문화 속에서 말레이인들의 인내가 한도에 다르면, 소통의 과정을 통해 갈등을 조정하는 과정을 건너 띠고 바로 폭력으로 이어진 다는 말이다.

감정을 드러내지 않는 문화를 연구하며 학자들은 자바 사회에 존재하는 '루꾼' 문화를 원인으로 지목했다. 인도네시아 전공 인류학자인 김형준 교수의 표현에 의하자면 루꾼은 "실질적 화합이나 갈등의 부재, 즉 개인이 타인과 진정으로 화합함으로써 갈등이 존재하지 않는 상태보다는 내면적인 상태와 관계없이 갈등이 외부적으로 표현되지 않는 상태"를 지칭한다(『적도를 달리는 남자: 어느 문화인류학자의 인도네시아 깊이 읽기』). 루꾼을 유지한다는 것은 마을 공동체의 최상의 가치이자 목표인데, 이를 유지하기 위해서는 공동체의 구성원들이 서로 싸우거나 긴장상태를 유발하면 안 된다. 이를 보다 쉽게 풀어 설명하자면, 한 개인이 타인에게 화가 나서 속이 뒤집힐 지경이 되었지만 화를 표출하지 않음으로 인해 표면적으로나마 주변에 긴장상황이 생기는 것을 막는 것쯤으로 해석될 수 있다. 그러나 루꾼의 유지는 개인이 겪는 심적인 고통을 내적인 깨달음으로 치유하라는 종교적인 차원이 아니다. 개인은 화가 나거나 슬퍼서 죽을 지경이되, 다만 겉으로 그것을 드러내서 공동체의 화합과 평안을 깨면 안 된다는 것이 루꾼 사상의 핵심이다. 인도네시아인들은 실제로 작은 일에 화를 내거나 하지 말라고 어렸을 때부터 교육을 받고 자란다.

루꾼을 유지하기 위해 감정을 억제하는 행위는 다양한 일화에서 살펴 볼 수 있다. 장례식에서 소리 내어 엉엉 우는 사람이 거의 없는 것은 김형준 교수가 말한 대로 이들이 죽음에 대해 다른 인식을 가졌기 때문이라기보다는 슬픔을 표출하는 것이 "품위 있는 행동거지" 가 아니라는 사회적 금기가 작용하기 때문이다. 또한 연인들이 사귀다가 헤어진 경우, 한국인들이라면 적어도 한 달은 소주병을 부여잡고 친구들을 밤마다 불러내어 괴로움을 하소연하며, 극단적인 경우 헤어지자 말한 애인을 칼로 찌르는 치정극까지 벌이는 것이 그다지 낯설지 않은 풍경이라면, 인도네시아에서는 연인끼리 헤어지면 아무 감정의 동요도 없어 보이며 심지어 다음 날 다른 애인을 찾아다니는 것이 외국인의 시선에는 괴이하게 보이기까지 한다. 그러나 인도네시아 연인들의 경우에도 역시 이별이란 고통스러운 것은 매한가지이나, 한국 연인들처럼 울며불며 고통을 호소하는 사람은 "뭔가 모자라거나 덜 떨어진 사람"임을 대외적으로 알리는 일이기에 슬픔과 고통을 속으로 삭인다. 따라서 말레이 인들이 감정을 드러내지 않음으로, 분노나 슬픔을 적게 느낀다고 판단하면 절대 오산이다. 게다가 타인에게 분노를 표현하는 사람들이 극히 적은 인도네시아라는 공간에서 누군가 이들에게 공개적으로 망신을 주거나 욕을 한다면 이것은 '말루(malu)' 즉 수치를 당하는 것이며, 이것을 심한 모욕으로 느끼고 상상할 수 없을 만큼 고통을 느낀다. 이 고통을 표현할 길이 없는 이들은 화를 삭이다가 도저히 참을 수 없는 지경에 이르면 어느 날 갑자기 상대편을 찾아와 등 뒤에서 칼로 찌르고 달아나는 것이다.

"감정을 표출하지 않기"의 미학 속에서 바디랭귀지는 미세한 분노와 슬픔 등을 나타내 주는 언어 수단일 것이다. 인도네시아 사회에 진입한 외국인들도 역시 루꾼 문화를 이해하고 적절히 행동하는 것이 필요하다. 특정한 바디랭귀지는 화를 표출하는 것으로 이해되므로, 조심할 필요가 있다. 이를테면 타인을 향해 눈을 부릅뜨거나 상대방의 눈을 오래 쳐다보는 행위는 화가 났다는 표시로 이해되므로 삼가야 한다. 공공장소에서 목소리 톤을 낮추고 조용하게 말하는 것이 미덕이며, 시끄럽게 떠들며 말하는 것은 공격적인 일이라 간주된다. 수많은 종족 중에 수마트라 산간지역 출신들인 바딱 족은 거칠고 화를 잘 내며 목소리도 커서 종종 인도네시아의 한국인에 비유되곤 하는데, 다른 종족들이 이들을 은근히 무시하고 싫어하는 것이 사실이다. 또한 팔짱을 낀 채로 말을 하는 것, 엉덩이나 골반 근처에 양 손을 대고 서 있는 것 등의 행위도 상대방을 모욕하는 표현으로 간주될 수 있다. 이런 동작은 전통 와양(그림자 인형극) 공연에서도 상대방을 모욕하거나 분노를 표출하는 동작이기도 하다.

타인과의 표면적인 충돌을 막아야 하는 문화 속에서 이들은 은밀한 신호를 발전시켰다. 그 중 대표적인 것은 “노(no)”라는 말을 하지 않는 문화이다. 외국인이 인도네시아에서 길을 물을 때, 인도네시아인들은 매우 친절하게 길을 안내해 주는데, 문제는 이 길이 제각각 다르다는 것이다. 한참을 길을 헤매다 보면 길을 가르쳐 준 인도네시아인들도 길을 몰랐다는 것이 자명한데, 왜 단 한사람도 길을 모른다고 솔직히 알려주지 않았을까에 대한 의구심이 들곤 했다. 필자는 대략 20년 동안 인도네시아를 드나들면서 현지인들에게 숱하게 길을 물어 보았는데, 어느 날 딱 한번, 어느 여성이 길을 모른다고 대답을 해 갑자기 당황했던 기억이 있다. 어쨌든 필자는 가까운 곳을 찾아 갈 때도 최소 서너 명에게 길을 되풀이 물어 보고 다니는 습관이 생겼다. “길을 모른다”, 즉 “노”를 이야기해야 할 상황에서 “길을 안다”, 즉 “예스”를 말해 버리는 습관은 다른 상황 속에서도 종종 발생한다. 이를테면 타인의 요구에 대해 구절구절 말을 길게 하며 말끝을 흐릴 때는 말레이인들이 정중한 거절을 하고 있을 가능성이 농후하다. 말레이인들의 이런 문화는 아마도 역시 루꾼과 관련이 있지 않을 까 싶다. 즉 외국인이 길을 물었을 때 혹은 무언가 들어주기 힘든 요청이 들어 왔을 때, 그것을 단칼에 거절하는 것은 공개적으로 그 외국인을 망신 주는 것으로 여기고, 자기의 면이 서지 않는다고 간주할 수 있다는 것이다. 따라서 인도네시아에서 "예스"라는 대답을 들었을 때, 그것이 반드시 예스가 아닐 수 있다는 것을 염두에 두어야 한다.

말레이인들이 당신에게 화가 났다는 것은 매우 간접적인 방식으로 표현된다. 그들이 어느 순간 당신을 피하거나 차가운 자세를 취하는 것이다. 이를테면 평소 나의 집을 자주 방문하던 사람이 어느 날 발길을 뚝 끊었다던가, 만나기로 한 장소에 나타나지 않는다던가, 나와 말을 섞기를 꺼려하는 등의 '회피'는 이들의 우회적인 '분노'의 표현일 수 있다.

그런데 '회피' 는 반드시 상대방에 대한 분노의 표현이 아니라 다만 곤란한 상황에 대처하는 방법일 경우도 많다. 미국에서 유학시절, 지도교수님은 인도네시아 전문가셨는데, 인도네시아에 처음 가서 느낀 문화충격에 대해 가끔 이야기를 해 주시곤 했다. 그 중 한 가지는 비 오는 날에 대한 일화였다. 당시만 해도 벌써 1970년대일이니 대중교통도 그리 발달하지 않은 시절, 인도네시아인들은 비가 내리면 사전 연락도 없이 약속장소에 나타나지 않는다는 것이다. 미국 교수님은 그것이 말레이 문화인가보다 하고 여기고 있었는데 어느 날, 아침부터 내린 장대비를 보고 역시 외국에서 유학 경험이 있는 인도네시아 노학자와의 약속에 나가지 않았다. 그런데 다음 날, 그 노교수님이 전화를 걸어 "말레인답지 않게" 크게 화를 내시면서, 그런 것은 말레이 전통이 아니라고 꾸중을 하셔서 크게 당황한 적이 있노라 설명하셨다.

사실 말레이인들이 사전에 통보 없이 약속장소에 나타나지 않거나 갑자기 연락을 뚝 끊어버리는 것은 꽤 자주 일어나는 일이다. 필자가 최근 겪은 예를 들어보자. 필자는 유학시절 자바 출신의 한 여학생과 꽤 친한 친구가 되었다. 필자가 한국에 귀국하고 몇 년이 지나서 이 여학생은 미국 남성과 결혼을 하니 자카르타에서 열리는 결혼식에 와 달라는 초청장을 보내왔다. 빡빡한 수업 일정 때문에, 게다가 상당한 경비 탓으로 외국에서 열리는 결혼식에는 갈 수가 없었고, 방학 후 자카르타에 방문할 일이 있어 결혼선물이라도 주려고 친구와 전화통화를 했다. 그 친구는 필자를 반기며 이틀 후 자카르타에 도착하면 다시 연락을 하고 만나기로 약속을 했다. 결혼 선물을 싸들고 자카르타에 도착한 이후부터 그 친구는 전화를 아예 받지 않았고, 나는 선물을 주지 못한 채 결국 그대로 한국으로 돌아오고 말았다. 필자가 겪은 이 일은 사실 많은 외국인들이 언제라도 겪을 수 있는 일이다. 사실 약속이 불발되었다는 것까지는 십분 이해 가능하지만 우리네 입장에서 이해할 수 없는 것은 그 인도네시아 친구가 불참에 대해 사전에 어떤 공지도 하지 않고 회피로 일관했다는 것이다. 이런 이유로 외국인들이 관계 맺기의 초반에 인도네시아인들이 보여준 특유의 친화력에 홀딱 빠져 맺은 우정은 시간이 경과하면서 깨지는 경우가 태반이다. 실제로 많은 인도네시아 연구가들이 10년간 유지한 "진정한 인도네시아인 친구"가 드물다고 푸념하는 것도 이런 "신의 없게 느껴지는" 행위 때문이 아닌가 싶다.

인도네시아인들이 사전 통보는커녕 연락도 두절해 버리는 것은 그들이 앞서 말한 루꾼을 실천하기 때문이라 해석 가능하다. 돌이켜보면 필자의 친구는 필자와 만나기로 한 즈음에 미국 남편이 외국에서 돌아왔고, 신혼을 당연히 남편이랑 시간을 보낼 요량으로 필자와의 모임을 꺼렸을 것이다. 또한 그녀는 사전에 필자와 미리 전화통화를 하게 되면 발생할 "불참 사유에 대한 설명"을 통해 일어날 수 있는 필자와의 표면적 갈등을 피하고 싶었을 것이다. 그리고 어느 정도 시간이 지나면 그 친구는 다시 필자 앞에 나타나 "아무 일도 없었다는 듯" 특유의 수다를 떨 것임은 자명했다. 사실 이런 루꾼의 문화를 익히 알고 있던 필자는 머릿속으로는 이런 '무례한' 행동 대해 '절교'로 응징하기보다는 이를 이해하고 그녀와 재회해 우정을 이어나가야 한다는 생각이 들었다. 하지만 애써 준비한 선물과 정성을 생각하니 가슴속으로는 울화통이 터졌으므로, 그만 절교를 선택했고 후일 이를 후회하고 말았다. '회피하기'는 단순히 그들의 세련되지 못한 "노"의 표현일 수도 있으므로, 그들이 회피를 하는 순간 이들과 우정을 깰 것이냐, 그냥 꾹 참고 지속할 것이냐는 전적으로 개인의 선택사항일 것이다.

회피하기 문화는 비즈니스 세계에서도 종종 일어난다. 비즈니스 미팅이 잡혀 있으면 범지구적으로 악명 높은 말레이인들의 '고무 시간'(rubber time)에 따라 약속시간에 늦는 것은 보통이거니와, 아예 사전 연락도 없이 모임이 취소되기 일쑤이다. 아무 연락이 없어서 모임 장소에 나타나면 모임의 주관자인 바빡(Bapak: 인도네시아에서 남자를 공경하여 부르는 호칭)은 출타 중이거나 심지어 휴가 중이라는 다소 황당한 답변을 들을 가능성도 상당히 높다. 따라서 모임이 열리기 직전, 그 모임이 정말 제 시간에 열리는가 체크해 보는 것이 좋은 방법이다. 앞서 말한 것처럼, 모임이 예고도 없이 취소되는 것은 당신을 향한 분노의 표현일 가능성도 있지만 대부분은 모임 소집자의 개인적 스케줄 변동인 탓이 크다. 게다가 어떤 경우에는 갑자기 사업의 파트너인 인도네시아인 바빡이 회의를 다음 날로 긴급하게 소집하는 경우도 있다. 그런데 막상 회의에 가 보면 회의 내용이 긴급하지 않은 일반적이거나 전혀 중요하지 않은 경우도 꽤 많다. 어쩌면 외국인 비즈니스 파트너를 향한 "똥개훈련"일 수도 있는 이런 행태에 화를 냈다가는 결코 사업상 이득을 기대할 수는 없을 것이다. 결국, 말레이인들이 회피를 하건, 긴급 소집하건, 그들과 관계를 계속 유지해야 할 필요가 있다면, "그러려니"하고 이해하고 넘어가면 된다. 말레이인들과 장기간 비즈니스를 해 온 외국인들은 이런 문제에 시비를 걸며 양자 간 갈등을 격화

시키는 선택을 하지 않는다.

한 가지 유의할 점은 '회피'라는 방식은 오로지 말레이인들에게만 해당되는 특권이라는 점이다. 앞서 말한 미국인 교수의 사례처럼 이것을 말레이인들의 문화라 생각해 같은 상황에 같은 회피를 할 경우, 그 외국인을 매우 이상하게 쳐다보기 때문이다. 아마도 외국인들이 시간 관념이나 약속에 대한 신의가 철저한 것을 아는 이들이 이중 잣대를 들이대기 때문이라 여겨진다. 따라서 말레이 권에서 회피나 고무시간을 쓸 수 있는 특권은 말레이인만이 갖고 있다고 생각하자.

3. 위계질서와 관료제, 그리고 급행료(뇌물)를 달라는 바디랭귀지

인도네시아는 전통시대에 봉건적 신분질서가 존재하던 사회이다. 공식적으로 봉건제는 공화국 출범과 더불어 모두 폐지되었지만, 일부 현대화 된 도시를 제외하면 수많은 지역에서 여전히 인식상의 신분제도가 존재한다. 인식상의 우월함을 바탕으로 전통 귀족 출신들이 지방 정치에서 득세를 하고 있고, 평민들은 시장이나 군수 선거에 출마 사례가 훨씬 적다. 사회적 지위에 대한 개념이 중요하다 보니, 누군가와 만났을 때 서열을 정하고 격식을 차려야 하는 경우가 많다. 인도네시아인들이 외국인을 처음 만나면 쏟아내는 신상에 관한 질문들, 즉 결혼 여부, 아이가 있는가, 있다면 몇 명이 있는가, 애인은 있는가 등등의 사뭇 개인적이고 직선적인 질문들은 단순한 외국인에 대한 호기심이 원인인 탓도 있지만 타인의 지위를 평가하고 자신들과의 관계를 규정하기 위한 측면도 존재한다.

나이든 출신 성분이든 서열이 높은 사람들에게는 정중하고 의례적인 인사와 서열에 맞는 관계 맺기를 하는 것이 인도네시아의 예법이다. 인도네시아인들과 비즈니스 미팅을 할 때 비즈니스 그 자체에 대한 이야기를 즉각 시작하는 것은 금물이다. 모임에서는 서로에 대한 정보를 알고 교류하는 시간이 상당시간 이어진다. 비즈니스에서 협상자에게 압력을 넣거나 동의하지 않음을 직접적으로 표현하는 것은 금물이며, 비즈니스 파트너이자 서열이 한 수 위인 바빡과 공손하되 기나긴 인내를 요구하는 협상 과정을 이어가야 한다. 인도네시아의 전통적 의사결정 방식인 무샤와라(musyawarah) 와 무파캇(mufakat)이라는 용어는 우리말로 번역하면 협의와 만장일치쯤으로 해석이 되는데, 다자 간 분쟁이 있을 때 서구식의 과반수 투표로 이를 해결하는 것이 아니라 얼마가 될 지도 모르는 길고도 정중한 협의 과정을 통해 서로 적당히 의견을 절충하고 양보함으로써 결국 만장일치에 이르는 것을 이상적이라 생각한다.

서열이나 위계질서가 중요하다 보니 그렇게 친절하다 소문이 난 말레이인들도 자신들이 부리는 '아랫사람'에게는 차가운 태도를 보이는 경우도 종종 목격된다. 인도네시아의 대부분의 중산층 가정은 가정부나 유모, 운전기사 등을 고용하고 있는데, 이들에 대한 복종, 그리고 이들과의 "적당한 거리 띄우기"를 엄격히 실시하고 있다. 자카르타에 즐비한 화려한 쇼핑몰들에는 부유한 사모님들이 아이들과 유모들을 대동하고 식사나 쇼핑 등을 즐기는 장면이 자주 목도되는데, 유모들은 유모 유니폼을 입고 주인댁의 아이들을 보살핀다. 레스토랑에서는 주인집 사모님이 친구들과 비싼 음식과 음료를 먹고 있는데 옆에 앉아 있는 유모에게는 음료수 한 잔 시켜주지 않는 경우도 많다. 집에서 식사를 할 때도 같은 식탁에서 식사를 함께 하지도 않으며, 심지어 음식도 따로 만들어 먹는다. 그 이유에 대해 물어보면 그렇게 하지 않으면 "아랫것들이 금방 나태해지며 주인에게 기어오른다."라고 설명을 하곤 한다. 그러나 설령 부리는 아랫사람이라 할지라도 공개적인 자리에서 야단을 치거나 하는 것은 역시 피해야 할 행동이다. 밖으로 데리고 나가서 설명하는 것이 좋다.

사회의 서열에 대해 설명하면서 한 가지 예로 들고 싶은 것은 인도네시아의 관료제이다. 외국인들이 말레이인들을 대할 때 느끼는 격의 없음 그리고 친근함에 대한 찬양은 관공서에 발을 디딘 순간 아득히 사라지고 마는데, 대부분의 관료들은 법적으로야 국민들에게 봉사를 하도록 되어 있지만 실제 생활에서는 고압적인 보스 노릇을 하기 때문이다. 무엇보다도 업무 처리가 느리고 상당히 비효율적이며, 인도네시아의 가장 만연한 사회 악 중의 하나인 뇌물(급행료) 을 받는 습관이 고위직부터 말단 공무원까지 깊게 뿌리내리고 있다.

필자가 인도네시아 대학에서 어학연수를 할 때, 교육부와 이민국에 드나들면서 비자 문제를 처리해야 했는데, 그 과정은 실로 고통스러웠다. 어두운 카키색이나 황토색의 단조로운 유니폼을 갖춰 입은 공무원들은 한결같이 무표정 할 뿐만 아니라 방문자를 제대로 쳐다보지도 않았다. 서류 하나를 제출하려 치면 통상 수 시간을 에어컨 시설도 없는 대기실에서 기다려야 했다. 기다림에 지쳐 담당직원을 찾아보면 그는 동료들과 잡담을 하거나 커피를 마시며 시간을 때우고 있는 것도 다반사였다. 어쨌건 서류를 간신히 제출하고 나니 담당 공무원이 서류를 훑어보기는커녕 첩첩히 쌓인 서류더미 위에 던져 올리고 한 달 있다가 오라고 통보를 했다. 과연 저 서류에 도장이 찍힐 날이 올 것인지 의구심을 가지고 집에 오니, 다른 기 경험자들이 공무원들의 업무 처리 방식에 대해 알려주었다. 제출된 서류가 서류파일더미 맨 위에 올라가게 되면 보통 우리네 상식에서는 파일의 맨 아래에 놓은 서류, 즉 제일 먼저 제출된 서류부터 처리하는 것이 옳다고 보는데, 인도네시아에서는 공무원들이 맨 위의 서류부터 처리한다는 것이다. 따라서 일찍 서류를 제출한다고 일찍 결과가 나오는 것도 아닌, 모든 것은 개인의 운이라는 것이다. 비슷한 일은 공항에서도 벌어진다. 지금에야 많이 사라졌지만 예전에는 입국이나 출국을 앞둔 외국인에게 인도네시아 공항 직원은 명확한 이유도 없이 인상을 쓰며 시비를 걸 때가 있었는데, 인도네시아어를 못 하는 외국인들을 상대로 '험한 분위기'를 조성하여 뇌물을 받자는 속셈인 경우가 많았다. 뇌물을 바라는 공무원들의 제스처는 노골적일 때도 있고 은밀할 때도 있다. 노골적일 때는 손가락으로 돈을 세는 듯 한 동작을 취할 때도 있고 대놓고 얼마를 달라거나, 혹은 인삼차 등의 선물을 요구하기도 한다. 사실 요즘에는 관공서마다 CCTV가 설치되어 있는 경우가 많아, 손동작보다는 직접적인 말로 요구를 하는 경우가 더 많다고 한다. 그런데 이런 노골적인 방법 말고 다른 제스처를 취해 급행료를 요구하기도 한다. 공무원들이 잡담이나 커피를 마시면서 시간을 질질 끌면서도 일을 처리해 주지 않을 때, 이것은 급행료를 달라는 무언의 표시일 수 있다.

평소 친절하던 말레이인들이 갑자기 고압적인 자세로 일관한다면, 어떻게 대처하는 것이 맞을까? "고객을 왕으로 대하는" 서비스 정신에 길들여진 외국인들은 처음에 가면 '불의'에 맞서 분개하며, '타락한' 공무원들에게 고함을 치거나 비아냥대는 경우가 많다. 그러나 인도네시아에 좀 살아 본 외국인들은 그런 '이유 있는' 항의가 공무원들의 분노를 자아내어 상당히 고의적인 '업무 지연'만을 가져오게 된다는 것을 체득했다. 그럼 이들은 어떤 방식을 택할까? 필자가 이민국 대기실에 장시간 앉아 관찰한 바로는 평소 자기주장이 강하며 합리적이라 자부하는 서양인들도 이곳에서는 쥐죽은 듯 조용히 '똥개훈련'에 복종하는 듯 보인다. 가끔 같이 기다리는 외국인들끼리 눈이라도 마주치면 조용히 공무원들을 욕하지만, 결코 그들이 들을 정도로 소리를 내지는 않는다. 그 곳에서는 미국인이나 유럽인이나 한국인이나 모두 순응하는 자세로 '서열이 높은' 갑(甲)질하는 공무원들에게 '을(乙)'의 역할에 충실히 따르는 것이다.

다른 방법도 있다. 수년전 인도네시아 지역을 연구하는 한 한국인 박사를 자카르타에서 만난 적이 있는데, 그가 인도네시아의 유명 국립 도서관에서 겪었던 일을 이야기해 주었다. 국립도서관이라고는 하지만 책을 찾는 과정이 여전히 수작업에 의해 이루어지고 있었던 시절, 책을 찾아 서지 정보를 일일이 카드에 적어 서고의 직원에게 제출하면 직원이 책을 찾아다 주곤 했다. 그런데 그 날 도서관 직원은 이 한국인 박사의 요청을 무시하고 자꾸 박사의 주변을 뱅글뱅글 돌면서 우물쭈물 다른 얘기만 하더란다. 이것이 어느 정도의 돈을 달라는 신호임을 알아 챈 이 박사는 도서관에서조차 이런 행태가 벌어지자 몹시 화가 나서 큰 소리로 직원에게 욕을 하고 도서관을 나와 버렸다며 분노를 삭이지 못했다. 사실 필자의 경우도 그 도서관을 이용하면서 같은 일들을 겪곤 했으므로 그의 분노가 십분 이해되었다. 그런데 필자는 도서관을 드나든 지 몇 번 만에 공무원들의 뇌물 문화에 순응해 그만 어느 날, 한 도서관 직원에게 한국 돈으로 3천 원가량을 쥐어 줘 버렸다. 부패 확산에 한 몫 했다는 양심의 가책은 잠나, 뇌물증여의 대가는 달콤했다. 그 직원은 한껏 웃는 얼굴로 필자가 요구한 책들뿐만 아니라 기타 관련 서적들을 한꺼번에 찾아다 책상 위에 쌓아 주었다. 5천 원 정도를 더 쥐어 주니 내가 고른 책들을 친히 제본까지(이때 '불법 카피'라는 불법 행위가 한 번 더 이루어지지만, 인도네시아는 무단제본이 별 죄의식 없이 이루어진다) 해 주겠다며 며칠 후에 다시 오란다. 필자가 도서관을 다시 방문했을 때 발견한 것은 튼튼한 비닐 백에 담긴 예술적으로 제본된 책들이었다. 분명 인도네시아는 게으른 필자가 얼마 안 되는 돈으로 한국에서 못 누려 본 호사를 누릴 수 있는 곳인 것은 분명했다. 그러나 사실 필자의 이러한 행태는 외국인을 향한 끊임없는 급행료 요구라는 악순환 창조에 일조하는 것이었으므로, 결코 바람직하지는 않았음도 사실이다.

인도네시아는 직접적인 의사표현이나 비판 등이 금기시되는 사회이다. 이에 따라 현지인들의 감정을 읽어내기 위해서는 미세한 바디랭귀지나 언어 뉘앙스, 동작 등을 유심히 살펴야 한다. 크게 이 글에서 세 가지 범주로 정리해 본 바디랭귀지들은 낯선 이에 대한 정보가 필요한 경우, 슬픔이나 분노 등을 나타내는 경우, 타인과의 접촉을 회피하는 경우, 기타 관공서에서 뇌물을 요구하는 경우 등으로 나누어 보았다. 이런 경우를 종합해 살펴본 말레이인들의 문화는 상당히 이중적이라 할 수 있다. 인도네시아인들과 관계 맺기에서 나타난 특징은 초면에 특유의 친화력으로 누구나와 친구가 될 수 있는 사람들이지만 그 관계라는 것은 철저히 서열에 기초하며, 서열이 높은 사람의 권위가 존중되고 가장 강력하다는 것이다. 또한 면전에서 비판을 가하거나 화를 내는 것은 자바의 전통문화인 루꾼을 해치는 일이자 개인에게 치명적인 모욕으로 받아들여지므로, 관계 맺기에서 속을 다 터놓고 정을 나누는 우정 보다는 어느 정도 거리를 띄어 놓고 깊은 부분을 서로 건드리지 않는 선에서 타인과의 관계가 맺어진다고 요약할 수 있겠다.

VIII 타이

8

타이와 이웃 나라들의 몸짓 언어

박경은

일상의 언어생활에서 말로 표현되는 구두(口頭) 언어와 함께 결합해서 또는 구두 언어를 대신해서 사용되는 비구두 언어(nonverbal language)는 의사소통의 성과를 좌우하는 핵심적 요소 중 하나이다. 특히 같은 동양권으로 우리와 공유하는 바가 적지 않은 동남아시아 지역의 경우, 인종이나 문화, 가치관 등 우리와 유사한 부분이 많은 것이 사실이지만, 상대적으로 영어나 일본어처럼 우리에게 익숙한 외국어가 아닌 다소 생소한 언어를 사용하기 때문에 외려 말이 통하지 않아 낭패를 보기 쉽다. 그러나 그 문화권의 몸짓 언어를 이해함으로서 기본적인 의사소통에서 착오를 최소화하고 말을 통하지 않고도 좋은 첫인상을 남길 수 있으며, 또한 정서적 장벽을 낮추어 해당 문화에 성큼 다가갈 수 있게 된다.

동남아시아는 개별 국가만으로 본다면 싱가포르, 브루나이, 말레이시아를 제외하고는 일인당국민총생산이 5천불을 겨우 넘거나 한참 못 미치는 개발도상국들이지만, 지역공동체인 동남아시아국가연합

(아세안, ASEAN)이라는 틀 안에서 협력을 이루어 유럽연합에 버금가는 성공적인 공동체로 자리매김하고 있다. 그러나 "동남아다움"이라고 어느 한 가지 특징을 규정짓는 일은 쉽지 않다. 동남아시아는 전 세계 지역 중에서 가장 다양한 특징을 가지고 있는 단위지역이라 해도 과언이 아니기 때문이다. 인종, 언어, 정치체제, 문화, 종교 등 거의 모든 면에서 다양한 양상이 복잡하게 뒤섞여 있다. 이러한 다양성이 공존하고 있는 지역을 설명할 때 편의상 동남아시아를 대륙부 동남아시아와 도서부 동남아시아로 양분하여 설명하는 경우가 많다. 즉 인도차이나반도에 위치한 미얀마, 타이(태국), 라오스, 캄보디아, 베트남과 해안 지대 및 바다에 섬들로 이루어진 싱가포르, 말레이시아, 인도네시아, 브루나이, 필리핀으로 양분하여 설명하는 것이다.

이 글에서는 인도차이나반도의 중심에 위치하고 있는 타이를 중심으로 하여, 비슷한 문화권을 공유하고 있는 미얀마, 라오스, 캄보디아 등 대륙부 동남아시아 여러 나라들의 몸짓언어에 대하여 알아보기로 하자.

1. 와이(합장인사)

대륙부 동남아시아 다섯 나라 중 역사적으로 오랫동안 중국의 직접적 지배를 받았던 베트남을 제외한 네 나라, 즉 타이, 미얀마, 라오스, 캄보디아는 국민대다수가 상좌부불교(남방불교, 데라바다불교)를 주로 신봉하는 나라들로 타이와 캄보디아는 국민의 약 95%, 미얀마와 라오스 국민의 약 90% 가 불교신자이다(베트남 남부 일부 지역도 여기에 포함 시킬 수 있다). 이들 나라에서 불교는 단순히 종교 차원을 넘어서 사람들의 생활에 깊숙이 배어 있다. 불교적 가르침은 삶의 중요한 결정 뿐 아니라 일상생활의 구석구석 준거로 자리하고, 한난의 구분이 거의 없는 열대지역인 나라들에서 우안거와 같은 불교 기념일은 계절의 구분을 알리는 지표가 되기도 한다. 또한 종교 활동에서 지켜지는 예절과 규율은 일상생활 전반의 예절과 관습으로 자리매김해 있다. 그러므로 타이를 포함한 대륙부 동남아시아 여러 나라들의 관습과 예절 그리고 몸짓언어를 이야기함에 있어서 불교를 빼놓고 이야기하는 것은 불가능한 일이자 어불성설이 될 것이다.

동남아시아 지역에는 기원전후부터 인도와의 교역을 매개로 힌두교와 불교가 유입되었다. 초기에 유입된 불교는 대승불교였는데 인도 불교 쇠퇴기인 13세기 전후에 함께 쇠퇴하였다. 반면 스리랑카에서 융성하던 상좌부 불교가 전해져 대륙부 동남아시아 많은 지역에서 널리 신봉되면서 현대에까지 이르고 있다. 상좌부 불교는 수행에 전력하여 개인의 해탈을 지향하는 불교 분파로, 재가신도의 종교행동은 산가의 유지 발전에 기여하는 것을 최고의 공덕행으로 보기 때문에 사원의 건립이나 불상의 건조에 공헌, 탁발승에 공양하는 행위, 출가를 하여 공덕을 얻는 것 등이 매우 중요한 종교 행위로 여겨진다. 신도들의 생활은 말 그대로 종교와 밀착되어 있다. 가장 기본적인 인사법인 '와이' 라고 부르는 몸짓 언어에서 그러한 종교와 삶의 밀착성을 그대로 엿볼 수 있다.

타이의 맥도널드
'와이'하는 손이 타이문화를
상징적으로 보여준다.

미얀마 사람들은 양팔을 모아 팔짱을 끼고 고개를 살짝 숙이며 "밍

글라바"라고 인사를 하고, 베트남 사람들은 우리처럼 상체를 살짝 숙이며 "씬 짜오"하고 인사를 한다. 그러나 타이, 라오스, 캄보디아에서는 인도와 같이 두 손을 합장하고 고개를 숙이며 인사를 한다. 이를 타이어로 '와이'라고 한다. 이 때, 인사말을 함께 하기도 하고 하지 않기도 하는데, 손을 합장하고 올리는 것 자체가 그대로 인사 표현으로 충분하다.

'와이'는 만났을 때나 헤어질 때 서로 나눌 수 있는 공손한 인사다. 합장하는 손의 모양은 손가락을 서로 붙이고 양손을 붙여 합장한 손을 손가락 끝이 하늘을 향하게 들어 올리는 것이 기본이다. '와이'는 인사를 하는 상대방과 나의 관계에 따라서 손의 위치가 달라진다. 이에 관하여 태국 교육부에서 교육용으로 배포하는 자료에 따르면 '와이'는 크게 네 가지 경우로 나누어 볼 수 있다고 한다.

이와 함께 자료에서는 누군가 '와이'를 하면 꼭 받아야 한다고도 정하고 있다. '와이'를 받을 때에는 가슴 높이 정도로만 합장한 손을 올려 고개를 가볍게 숙이거나 숙이지 않고 받으면 된다.

'와이'는 만났을 때나 헤어질 때 나누는 인사일 뿐만 아니라 감사나 사과의 표현으로도 쓰인다. 윗사람이 선물을 줄 때 아랫사람은 감사의 뜻으로 먼저 두 손을 모아 '와이'를 한 후에 물건을 받는다. 또 잘못을 저질렀을 때에도 "죄송합니다"라고 말하는 동시에 '와이'를 하면 더욱 공손하며 사과하는 사람의 진심이 전해진다.

또한 일반적인 인사를 넘어 '와이'는 하나의 의식의 언어가 되기도 한다. 불당에 들기 전, 신도는 향과 초, 연꽃 등을 준비한다. 향초에 불을 붙이고 연꽃을 손에 든 두 손을 합장한 자세로 기도를 드린다. 또한 승려가 설법을 할 때 무릎을 꿇고 앉아 설법을 경청하는 신도들의 두 손은 모아져 있고, 중간 중간 모은 손을 바닥에 대고 엎드려 인사를 한다. 타이의 건물이나 집 앞 마당에는 지신을 모시는 작은 사당

'싼짜오'가 모셔져 있는데, 사람들은 그 앞을 지날 때 두 손을 모으고 '와이'를 하며 안녕을 기원한다. 중요한 일을 시작하기 전에는 무사히 일을 끝낼 수 있도록 자신이 믿는 어떤 존재에게 '와이'를 하며 성공을 기원한다.

한편, '와이크루'는 제자가 스승의 은혜에 대한 감사의 마음을 표현하는 의식을 지칭한다. 새 학기가 시작되는 달의 둘째 주 목요일 또는 적당한 날에 학교에서는 '와이크루' 식을 개최한다. 학생들은 자신들이 정성스레 준비한 꽃 장식을 바치며, 자신들에게 지식을 제공해 주는 스승의 발치에 엎드려 감사를 표한다. 이는 매년 이어져온 타이의 전통으로 스승의 은혜에 감사를 표하는 몸짓언어이다.

① 스님께 '와이'할 때

스님을 만났을 때에는 합장한 손을 머리까지 들어 올려 엄지 끝이 미간에, 검지 끝이 이마와 머리카락이 만나는 지점에 오도록 하여 상체와 고개를 숙이고 '와이'한다. 여성은 상체와 다리를 동시에 굽히기도 한다.

② 지극히 존경하는 어른께 '와이'할 때

부모나 조부모, 스승 또는 매우 존경하는 어른께 '와이'할 때에는 합장한 손을 들어 올려 엄지가 코끝에 닿고 검지 끝이 미간에 오도록 하여 상체를 숙여 '와이'한다.

③ 일반 손윗사람에게 '와이'할 때

일반적인 연장자나 어른에게 '와이' 할 때에는 합장한 손의 엄지가 턱 끝에 오고 검지가 코끝에 올 정도로 하여, 보기 좋을 정도로 고개와 상체를 살짝 숙여 '와이'한다.

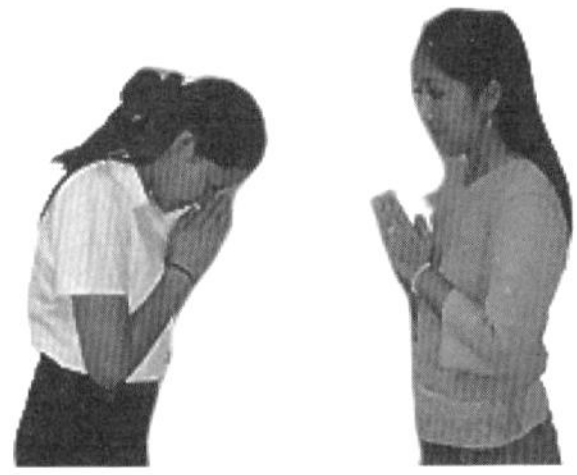

④ 동급의 상대에게 '와이'할 때

자신과 연배가 비슷하거나 지위가 비슷한 사람에게 '와이'할 때에는 합장한 손을 살짝만 들어 올려 검지 끝이 코를 향하도록 하고, 상체를 숙일 필요 없이 고개만 보기 좋을 정도로 살짝 숙여 '와이'한다.

다양한 예술의 분야에서는 자신에게 기술을 전수해 준 스승에 대한 존경과 예를 갖추는 것이 매우 중요한 의식으로 치러진다. 예컨대, 전신을 사용해 대결하는 무아이타이(무예타이)나 끄라비끄라벙(봉술대결) 등의 무예 또는 전통악기 연주 공연 등의 경우, 본 경기나 공연 시작 전에 스승에 예를 갖추는 의식이 있다. 예컨대 타이의 전통 무술인 '무아이타이(무예타이)' 경기를 시작하기 전에는 화려한 전통 악기 반주에 맞춰 흡사 주술처럼 보이기까지 하는 의식이 펼쳐진다. 양 팀 선수는 링 안에서 사방으로 엎드려 '와이'를 하고 일종의 춤과 같은 몸짓을 음악에 맞춰 추면서 그 동안 자신을 지도해 준 스승에게 예를 표하고 또 한편으로는 경기가 잘 마무리 될 수 있도록 기원하는 의식

무아이타이의 "와이크루" 의식(사진 제공 : Ratchadavan Kongsatt)

을 치르는 것이다.

이렇듯, '와이'는 불교에서 비롯된 몸짓 언어로 인사 뿐 아니라, 감사와 사과를 나타내는 의미로도 쓰이고, 이를 넘어 의식에도 쓰이는 다양한 맥락에 다양한 의미로 사용되는 몸짓 언어이다. 그러나 주의할 점은 있다. '와이'는 아랫사람이 윗사람에게 하는 것이기 때문에, 상대방과의 관계나 지위를 고려하지 않고 무조건 공손함의 의미로 '와이'를 했다가는 어색하거나 민망할 수 있으므로 관계나 상황을 잘 고려하여 적절히 사용해야 한다.

2. 높낮이

타이를 비롯한 이웃 나라 사람들은 머리를 중시하고 발을 천시하

타이 대학의 "와이크루" 모습(사진 제공 : Thanwaporn Nakim)

는 이른바 '존두사상'을 가지고 있다. 이는 '머리에 혼이 있다'는 믿음이 있어 머리를 중시하는 때문이기도 하고, 한편으로는 상하관계에 대한 의식 때문이기도 하다. 즉, 귀한 것은 위에 있고 천한 것은 아래에 있다는 의식이다. 그래서 귀여운 아이를 만났다고 아이의 머리를 쓰다듬었다가는 낭패를 당한다. 아무리 어린 아이라고 해도 혼이 있는 귀한 머리를 함부로 만지는 것은 대단한 실례가 되기 때문이다. 반면, 맨발로 생활하는 것이 익숙한 사람들이기 때문에 상대적으로 발은 지저분하고 천한 것으로 인식되어 발로 뭔가를 가리키거나 상대방 쪽으로 발이 향하게 하는 것 역시 큰 불쾌함을 유발할 수 있다. 타이인들이 공손하게 앉는 자세는 '팝피압'이라 부르는 자세로, 양 다리를 모아 가지런히 한 쪽 옆으로 빼어 발끝이 뒤쪽으로 향하게 앉는 자세를 지칭한다. 발끝이 상대를 향하는 것은 결례이다. 걸상에 앉아 있을

그림 "와이크루" 의식. 학생과 선생님의 수직적 높이 차이를 단적으로 볼 수 있다.
(사진 제공 : 이기택)

때도 다리를 꼬아 상대 쪽으로 향하게 되면 예의바르지 못한 자세로 여겨진다.

이러한 존두사상은 언어에도 드러나 있는데, 타이의 유명 문헌학자이자 민속학자인 싸티얀꼬쎗(또는 프라야아누만랏차톤) 에 따르면, 일반적으로 신분 상하 관계에서 대면하는 경우, 아랫사람은 발치에 머리를 조아리며 자신의 가장 높은 부분으로 자신을 지칭하기 때문에 '머리, 정수리, 상투' 등의 단어를 1인칭으로 쓰고, 반대로 상전을 높여 부를 때에는 자신이 보이는 상전의 신체부위 중 가장 아래인 '발'이 들어간 단어를 2인칭으로 쓴다고 설명하였다. 실제로 타이어에서 일인칭 남성 대명사 '폼(저 라는 뜻)' 은 '머리카락'이라는 뜻의 '폼'에서 온 말이며, 상전을 지칭하는 이인칭 극존칭대명사 '따이타오'는 직역하면 '발아래'라는 뜻으로 '각하'라는 의미이다.

구두언어 뿐 아니라 몸짓 언어에서도 이러한 높낮이와 존두사상은 그대로 드러난다. 즉, 수직적 높낮이를 조절하는 것이 공손과 겸양을 표현하는 하나의 몸짓 언어가 되는 것이다. 앞서 '와이'에서 보듯이, '와이'를 하는 아랫사람은 윗사람 앞에서 몸을 숙여 자신을 낮추는 것이 기본이다. 윗사람과 함께 할 때에는 어느 자리에서든 몸을 상대보다 낮춰야 한다. 즉, 윗사람이 서 있을 때에는 몸을 살짝 숙여야 하고, 윗사람이 이야기를 나누고 있을 때 앞을 부득이 지나가야 할 때에는 몸을 최대한 숙여 양해를 구하고 지나간다. 윗사람이 앉아 있는 경우에는 자신은 더 낮은 곳에 앉는 것이 기본이다. 상석은 어른에 내 주고, 아랫사람은 서 있는 경우가 많은 우리 문화와는 차이가 있다. 예컨대, 선생님이 학생을 불러 훈시를 하는 경우, 우리 문화에서는 선생님은 앉아 있더라도 학생은 서서 혼이 나는 경우가 많은데, 타이에서는 학생이 위에서 선생님을 내려다보는 자세는 매우 불손하므로 반드시 선생님보다 낮은 자리를 찾아 자세를 낮춰야한다. 앞서 언급했던 '와이크루' 의식에서도 보듯이, 의자에 앉아 있는 선생님보다 낮은 위치에 자리하기 위해 학생들은 바닥에 앉아 인사를 한다.

종교적 의식에서는 말할 것도 없이 수직적 높낮이 차이가 더욱 극대화된다. 불당에 들어가기 위해서는 반드시 신을 벗어야 한다. 또한 불상 앞에서 일어서서 당당히 앞으로 걸어가는 것 역시 불경하게 여겨 무릎걸음으로 공손히 다가간다. 기도를 드릴 때는 합장한 손으로 '와이'를 한 뒤에 바닥에 완전히 엎드려 '끄랍'의 동작을 취한다. 이는 지극한 존경과 자신을 낮추는 겸양의 표현이다.

상좌부불교의 나라에서는 대부분의 남성들이 출가를 한다. 새벽 어스름에는 수많은 승려들이 맨발로 발우를 들고 동네를 돌며 탁발을 하는데, 탁발승에 공양을 하는 것은 재가신도들이 생활에서 실천하는 대표적 공덕행의 하나이다. 정성껏 준비한 음식을 탁발승의 발우에 넣는 신도들의 자세는 최대한 몸을 낮춰 바닥에 앉아있다. 맨발로 탁발을 하는 승려보다 몸을 낮춰야 하므로 신발을 벗고 맨발로 바닥에 앉는 것이다.

종교적 관례는 왕실에 그대로 적용된다. 19세기 말, 쭐라롱껀대왕이 부복제를 폐지했지만 현재까지도 왕족을 알현할 때에는 부복을 하는 것이 관례다. 왕족의 행차가 있을 때에는 행차를 지켜보는 관중들은 땅바닥에 앉아 손을 모으고 자리를 지킨다. 그러나 이런 왕족도 몸을 낮추는 존재가 있으니 바로 승려이다. 종교는 왕실보다 더 높은 것으로 여겨지기 때문이다.

타이의 전철에는 좌석 위의 짐칸이 없다. 다른 사람의 머리 위로 물건을 건네거나 머리를 만지는 것은 예의에 어긋난다. 머리에 뭔가가 묻어 부득이 떼어줘야 하는 경우에는 '와이'를 하며 미리 허가를 받은 뒤에 행한다. 머리를 때리거나 손가락으로 가리키거나 누군가에 신발을 던지거나 발로 가리키는 행위는 더할 수 없이 모욕적인 몸짓 언어가 될 수 있다.

반대로 자신을 최대한 낮추는 것은 대단한 존경의 표현이다. 오랫동안 자신의 뒷바라지를 하며 희생한 부모를 찾아 고향에 돌아온, 이제는 성공한 자식이 부모에게 할 수 있는 가장 감동적인 표현은 수백마디의 말이 아니라 부모의 발치에 손을 모으고 엎드려 감사를 표하는 '끄랍타오(발에 머리를 조아리는 자세)' 의 몸짓이다.

3. 신체접촉

인도차이나 반도 나라들은 열대기후 지역으로 일 년 중 절반은 우기에 해당하여 고온다습한 날씨가 계속된다. 이런 기후적 배경 탓인지 전통적으로 신체접촉을 좋아하지 않는다. 처음 만나는 사람과 악수나 포옹을 하는 일은 더더욱 없다. 물론, 국가 지도자끼리의 만남이나 다른 문화 사람들과의 공식적인 자리에서는 국제적 매너에 따라 악수를 하거나 그 나라 문화에 맞춰 인사하는 경우도 있지만, 그 외의 경우에는 접촉은 가능한 피한다.

타이의 대중교통을 이용하는 경우, 출퇴근시간의 혼잡한 상황이라도 차 안에서 몸이 닿거나 서로 미는 등의 경우는 거의 없는 것을 느낄 수 있다. 승객들은 최대한 서로에게 닿지 않기 위해 안간힘을 쓴다. 만약 우리나라나 일본처럼 사람이 가득 찬 '지옥철'에 승객을 밀어 넣는 경우가 있다면 타이 사람들은 승차거부를 택할 가능성이 크다. 실제로도 사람이 붐비는 시간이면 조금 늦게 가더라도 다음 차를 기다리는 승객이 많다. 그만큼 신체적 접촉은 불쾌하고 또 부적절한 것으로 여겨진다.

타이나 이웃 나라들의 불교가 생활과 밀착되어 있는 만큼, 사원은 주거 지역에 위치하고 있고, 우안거를 제외하고는 승려들의 바깥 활동이 자유로운 편이기 때문에 거리에서 승려를 마주치는 일은 일상적이다. 그런데 이 때 여성들은 주의해야 할 점이 있다. 바로 승려와 "옷깃도 마주치면 안 된다"는 점이다. 수행을 하는 승려와 접촉하거나 가까이 하는 것은 여성 신도들에게는 불경죄가 된다. 그래서 길을 걷다가 승려가 오면 길을 내주고 옆으로 피해야 한다. 또한 대중교통을 이용할 때에도, '노약자임산부석'보다 우선하는 것이 '승려석'이다. 이는 부처와 동일시 여겨지는 승려에 편의를 제공하기 위함도 있겠으나, 접촉을 피하도록 재가 신도들에게 편의를 제공하기 위함의 목적도 있다. 여성이 승려에게 무언가를 건네야 할 경우는 반드시 남성을 통해야 하고, 부득이한 경우에는 천 등 매개물을 통해서 전달하도록 하며 직접 접촉은 절대 금기다.

최근에는 서양 문화의 영향으로 조금씩 변화하고 있지만, 수년전까지만 해도 공공장소에서 손을 잡거나 신체적 접촉을 하는 연인들을 보는 일은 거의 없었다. 만약 그런 용감한 커플이 있다 해도 주변 사람들의 따가운 시선을 견뎌야한다. 이성간의 경우는 물론 이거니와 동성 간의 접촉도 드물기는 마찬가지다. 특히 우리에 비해 동성연애가 많은 문화적 배경 탓에, 동성끼리 손을 잡고 거닐거나 어깨동무를 하거나 하는 경우 연인으로 오해받을 수 있다.

4. 미소

타이는 '미소의 나라' 라는 이름으로 잘 알려져 있다. 사람들은 그만큼 잘 웃는 것이 사실이다. 이는 낙천적인 성향을 가진 타이인들의 모습을 잘 드러내 주는 말이다. 외국인들에게는 의아하게 느껴질 정도로 미소가 헤프다. 처음 보는 사람과 눈이 마주쳤을 때 미소를 보낸다. 아는 사람을 만났을 때 인사보다 먼저 보내는 것은 미소다. 실수를 했을 때, 누군가가 실수 하는 것을 보았을 때, 미안할 때, 고마울 때, 난처할 때, 황당할 때, 민망할 때, 할 말이 없을 때, 대답하기 어려울 때에도 미소를 띄운다. 미소는 사람과의 관계에서 가장 일상적이고 또 효과적인 몸짓 언어로 기능한다.

그러나 이러한 문화적 특성을 이해하지 못하는 경우는 오해의 소지가 될 수도 있다. 실제로 한 대기업 법인의 주재원이 타이 직원들에 대해 불만을 토로한 적이 있다. 자신의 실수로 회사에 적지 않은 손실을 유발한 부하 직원을 불러다 책임을 추궁하는데 실실 웃고만 있어 화를 돋우었다고 했다. 그 직원의 미소가 상관에게 보내는 사과의 표현인 동시에 다음번에는 주의하겠다는 다짐의 의미인 것을 이해하지 못하고 외려 자신에게 보내는 조소로 오해를 한 데서 한국인 상관은 서운함과 분노의 감정이 치민 것이다.

한편으로 순박해 보이는 미소가 늘 좋은 사람임을 보장하지 않는다는 점도 함께 기억해야 한다. 미소가 헤픈 만큼 모든 미소가 진실한 미소가 아닐 수도 있는 점은, 모든 말이 사실이 아닐 수도 있다는 것과 마찬가지의 진실이다.

5. 목소리

타이 사람들이 중국인들을 보면서 가장 많이 하는 말 중의 하나가 "싸우는 줄 알았다"는 것이다. 그냥 대화를 나누는 데도 목소리가 워낙 커서 서로 싸우는 것으로 착각할 정도로 느껴진다는 것이다. 타이나 이웃 나라의 사람들은 목소리가 크고 우렁찬 것이 대장부의 기질이고 호탕함을 드러내는 것으로 여겨지는 게 아니라 무례하고 무식하다고 여긴다. 즉 적당히 작은 목소리가 교양과 예절의 상징인 것이다.

최근 젊은이들은 조금 달라졌지만 십년 전까지만 해도 식당에서 밥을 먹을 때나 커피숍에 앉아 있을 때에 주변이 적막하다 싶을 정도로 조용했다. 공공장소에서 전화를 받거나 할 때면 거의 속삭이듯이 이야기를 하는 것이 보통이다. 회의를 할 때에도 목소리의 크기는 귀에 정확히 들릴 정도 내에서 최소한의 크기로 하는 것이 보통이다.

큰 목소리는 감정이 격해지는 경우 내지는 자신의 감정을 잘 컨트롤 하지 못하는 경우에 한정되기 때문에 부정적인 이미지로 비춰질 수 있다. 타이어에 "짜이옌"이라는 말이 있다. 직역하면 "마음이 시원하다"라는 뜻으로, 이는 "냉정하다"라는 부정적인 의미가 아니라, "신중하고 침착하고 이성적"이라는 긍정적인 마음 상태를 의미한다. 타이어에서 "짜이옌"한 사람이라는 말은 칭찬이 된다. 열대국가의 환경적 영향으로 시원함이 가지고 있는 긍정적인 이미지가 언어에 투영된 것을 볼 수 있다. 동시에 감정에 쉬이 동요되지 않는 신중한 마음 상태가 미덕으로 여겨지는 문화적 배경을 또한 엿볼 수 있다. "짜이옌"의 반대말은 "짜이런"으로 직역하면 "마음이 뜨겁다"라는 뜻이다. 우리는 이 말을 '열정적이다'로 곡해할 수 있는데, 사실 이 말은 참을성이 없고 성미가 급한 것을 비판하는 부정적 표현이다. 목소리가 큰 것은 감정에 쉬이 휩쓸리는 "짜이런"한 성향과 연관될 수 있어 부정적으로 받아들여진다.

6. 손짓

손짓은 전통적으로 많이 사용하지 않는다. 실제로 연령대를 보면 나이가 많은 사람들은 손짓 언어를 거의 사용하지 않는 것을 볼 수 있다. 오히려 손으로 무언가를 가리키거나 손짓으로 부르거나 하는 행위는 결례로 여겨져 지양되었다. 다만 최근 들어 다른 문화의 영향으로 다양한 손짓 언어가 사용되고 있다. 몇 가지 예를 들어보면 다음과 같다.

우리와 마찬가지로 '최고'라는 의미로 사용된다. 비슷한 맥락이지만 최근에는 특정 SNS의 영향으로 '좋아요'의 상징으로 사용되기도 한다. 우리와 다른 특이한 점으로, 예전에는 어린이들 사이에서 이 손짓을 하면서 엄지를 상대방 아이 쪽으로 내밀면 '너랑 절교야' 라는 의미로 쓰

였다고 한다. (엄지손가락의 타이어 "뽕"이라는 말의 음성적 중의성에서 기인한 쓰임)

서양의 영향으로 "victory"의 V자를 형상화 하여 "승리"를 상징하는 표현으로 쓰이거나 "화이팅"의 의미로 쓰인다. 최근에는 한류의 영향으로 사진 찍을 때 브이자를 그리는 용도로 더 많이 쓰인다.

"사랑해"라는 의미로 쓰이는 손짓 언어로 주로 유명 가수의 콘서트장 등에서 많이 볼 수 있다. (타이에서는 유럽 국가에 가서 엄지를 접으면 악마의 의미가 될 수 있으니 주의하라고 교육하기도 한다)

물소의 뿔을 형상화 한 모양으로 물소를 의미하는데, 타이의 유명 민중가요 그룹 '카라바우'로 인해 유명해진 동작이다.

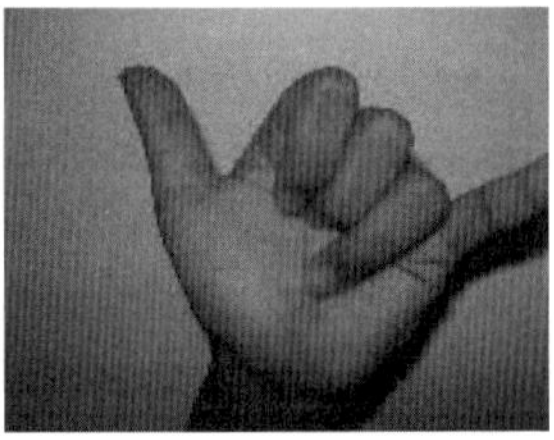

그러나 언급했듯 공식적인 맥락에서는 물론이고 일상적인 대화에서도 손짓의 사용은 많이 하지 않는 것이 보통이다. 특히 손가락으로 얼굴을 가리키거나 하는 행위는 우리와 마찬가지로 상대에게 불쾌감을 줄 수 있다.

7. 복장

대부분의 타이 사원에는 복장 단속이 있다. 즉, 예를 갖추지 않은 사람은 사원에 들어갈 수 없게 되어 있다. 민소매나 배꼽티, 속이 다 비치는 얇은 천, 반바지나 슬리퍼 차림은 입장이 금지된다. 남성은 긴 바지를 여성은 치마를 입는 것이 기본이나, 여성의 경우 너무 짧은 치마는 역시 제재 받을 수 있다. 이러한 사전 정보를 입수하지 못하고 사원을 찾았다가는 입장을 금지 당하거나 임시방편으로 사원에서 빌려주는 긴 치마를 입고 입장을 해야 한다. 사원 뿐 아니라 고궁이나 유명한 관광지의 경우 대부분 이렇게 복장 단속이 있다. 그리고 이는 내국인보다 외국인에게 더 엄격하게 적용되는 것이 보통이다. 즉, 복장 역시 하나의 문화이자 정체성으로 존중받고자 한다는 것을 보여준다.

타이를 비롯한 인도차이나 여러 나라사람들은 예로부터 비단옷과 아름다운 장신구로 화려하게 장식하는 것을 좋아했는데, 이 화려함과 아름다움보다 더 중요하게 여기는 것은 때와 장소에 적절한 형식을 갖춘 복장이다. 얼핏 생각하면 일 년 내내 더운 나라에서 복장을 중요하게 생각하는 것은 어폐가 있어 보이기도 한다. 그러나 오히려 역설적으로 그러한 환경적 영향이 복장의 가치를 만들어주는 부분도 있다. 도시국가가 형성되고 계층이 생기면서 지배계급과 피지배계급 간의 복장의 차이가 생겨나기 시작했다. 즉, 높은 계층일수록 땀을 흘릴 일이 없으니 옷이 두꺼워지고, 장식이 화려해지는 반면, 늘 바쁘게 일을 해야 하는 평민이나 천민 계층은 장식을 최소화한 단순하고 살이 많이 드러나 보이는 옷을 입게 되어, 복장의 차이가 계층이나 계급의 차이를 상징하게 되므로 오히려 복장에 더 중요성과 가치를 두게 되는 것이다. 즉, 복장이 자신의 지위와 정체성을 드러내는 상징으로 기능하는 것이며 또한 동시에 기관과 장소의 권위를 나타내는 상징이 되는 것이다.

또 하나의 역사적 배경으로 타이의 경우 근대화 시대에 있었던 '랏타니욤(국가주의)'을 들 수 있다. 1932년 입헌군주제로의 통치제도 개혁 이후 혼란스러운 국내외 정세 속에서, 국가의 존속을 위하여 근대화와 민족주의를 주창한 타이 수상 피분 쏭크람은 여러 가지 '랏타니욤' 정책을 펼치는데, 특히 문화와 관련한 내용이 많이 포함되어 있었다. 피분 수상은 경우에 맞는 복장의 중요성을 강조하면서 재래식 복장보다는 서양식 복장을 권장하고 속옷 차림이나 상의 탈의 상태로 외출하지 못하도록 금하였다. 또 모자를 착용하도록 하고 평상복, 특수복, 일반 활동복으로 분류하고 농촌과 도시를 구분하여 세세히 설명하며 스타일, 색상 등을 규정하고 때와 장소에 맞는 옷차림을 하도록 교육하기도 하였다. 즉, 복장은 곧 교양이고 문화이고 선진화라는 개념이 생겨난 것이다.

이러한 이유 때문인지 타이인들은 때와 장소에 맞는 복장에 중요성을 두며, 특히 공식 행사나 파티 등이 있을 때에 복장에 대단한 정성을 들인다. 예컨대 지인의 결혼식에 참석하는 경우에는 이브닝드레스를 새로 맞추거나 대여해 입고 가는 경우가 많은데 이때 검정이나 흰색을 피해 되도록 화려한 색상의 드레스를 선택한다.

타이 공무원들의 경우 공식행사에는 흰색 정복 차림을 한다. 또한 정복이 아니더라도 남성은 긴 셔츠와 긴 수트 바지를 입고, 여성은 긴 바지 또는 치마를 입어 신체의 노출을 최소화한다. 학교 교사들은 실크 소재로 상하의 투피스 세트를 맞춰 입는 경우가 많아 복장만 봐도 직업을 가늠할 수 있을 정도다. 교사가 청바지나 민소매를 입고 교실에 들어가는 모습은 타이나 주변 나라 사람들로서는 상상도 할 수 없을 것이다.

교사의 복장 뿐 아니라 학생들의 복장으로도 교육기관에 대한 사회적 의식을 엿볼 수 있다. 타이를 비롯한 대륙부 동남아시아 나라들은 대학생까지 교복을 입는다. 타이에서는 국공사립을 막론하고 초중고 및 전문대학과 대학을 포함한 모든 학생들이 의무적으로 교복을 착용한다. 초중고 교복은 학교마다 차이가 있으나 주로 남학생은 짙은색 반바지에 흰색 셔츠, 여학생은 무릎을 덮는 짙은색 치마에 흰색 블라우스를 입는다(사립학교는 디자인이 각기 다양하다). 대학생이 되면 남학생은 짙은 남색이나 검정색 긴 수트 바지에 흰색 셔츠를, 여학생은 역시 짙은 남색이나 검정색 치마에 흰색 블라우스를 입고 학교마다 버클, 단추, 브로치, 넥타이 등의 장식의 상징이 달라진다. 캄보디아의 교복 역시 타이와 매우 유사한 형태이다. 라오스의 경우는 초등학생부터 대학생까지 여학생은 주로 발목까지 오는 전통식 치마 '파퉁'에 셔츠를 입고, 남학생은 짙은 남색이나 검정색 바지에 셔츠를 입는다. 미얀마 학생들은 남녀학생 구별 없이 녹색 긴치마에 셔츠를 입는다. 베트남의 교복은 베트남 전통 복장인 아오자이다.

외국 학생들이 현지 대학에 가서 교육을 받을 때에도 의무적으로 교복을 착용하도록 되어 있다. 미얀마, 라오스, 캄보디아, 베트남 등에서는 여대생 교복 치마의 길이가 발목까지 오는 긴치마인데 반해, 타이의 경우 교복 치마의 길이를 자유롭게 선택할 수 있도록 되어 있는데, 최근 교복 치마가 점점 짧아지고 또 디자인이 타이트해 지는 것이 사회 문제로 대두되어 일부 학교에서는 교복 관리 수칙을 제정하고 규칙에 어긋나는 교복을 입는 학생들에게 벌점이나 징계를 내리기도 했다. 교복은 학생들의 정체성을 드러내는 것이자 동시에 교육 기관의 권위를 나타내는 상징이기 때문이다.

이처럼 몸짓 언어는 비단 손짓 발짓이나 표정 뿐 아니라 높낮이를 의식한 몸가짐, 사람사이의 거리와 접촉, 목소리의 크기와 복장에 이

과거 푸미폰 국왕의 지방 순회 모습. 자신의 몸을 낮춰 국민들과 눈을 맞추는 모습은 오늘날까지 많은 타이 국민들에게 감동을 주며, 국왕에 대한 국민들의 무한한 사랑과 존경의 원천이 되고 있다(사진 출처 : www.thatphanom.com).

르기까지 그 범위가 확장될 수 있다. 구두 언어와 결합하거나 독립적으로 사용되는 몸짓 언어는 그 나라의 문화적 배경을 그대로 반영하고 있는 것으로, 몸짓 언어를 제대로 이해하는 것은 문화에 대한 깊이 있는 이해를 위하여 필수적이라 해도 지나침이 없겠다.

IX 일본

9

몸짓으로 표현하는 일본의 문화

권경애

1. 몸짓, 몸짓언어

일본에는 "目は口ほどにものを言う"(눈은 입만큼 말을 한다)라는 속담이 있다. 이것은 감정이 실린 눈초리가 입으로 전달하는 말과 동일한 작용을 한다는 것을 의미한다. 따라서 일본어에는 눈과 관련한 표현이 많은데 예를 들면 '目を細める'(눈을 가늘게 하다), '目尻を下げる'(눈초리를 내리다) 등은 '아주 기쁜 표정'을 짓거나 '만족스러운 표정'을 가리킬 때 쓰는 표현이다. 반면에 '眉を潜める'(눈썹을 찡그리다)는 상대방에게 불쾌감을 나타내는 표현이다. 눈 이외에도 신체와 관련한 다양한 표현이 있는데 '開けた口が塞がらない'(연 입이 다물어지지 않는다) 역시 '입이 딱 벌어질 만큼 기가 막힌 상태'라는 의미로 불쾌감을 나타낸다. 또한 '鼻の下を伸ばす'(코 아래를 길게 만들다)처럼 '마음에 드는 사람을 볼 때 항상 웃는 표정'이 되는 사람을 놀릴 때 쓰는 관용 표현이 있다. 이것을 굳이 한국어로 번역하자면 '헬렐

레하다, 헤벌쭉거리다' 정도가 된다. 입을 벌려 웃는 표정을 묘사한 것으로 코 아랫부분 즉, 턱이 아래로 내려가는 현상을 두고 '코 아래를 길게 만들다'라고 표현한 것이다.

이처럼 신체 일부분이 들어간 일본어의 언어표현 가운데에는 한국어로 직역하였을 때 이해하기 어려운 표현들도 다수 있지만, 신체와 관련한 대부분의 표현은 감정이나 심리상태를 효과적으로 전달하는 데 역할을 한다. 이는 이러한 표현들이 대화를 할 때 말과 함께 수반되는 표정과 몸짓인 몸짓언어에서 발달하였기 때문이다.

일상생활에서 자주 쓰이는 몸짓언어들은 얼굴표정이나 고갯짓, 손짓 등을 이용하여 동작이 이루어지는 것들이 대부분이다. 고개를 끄덕이면 상대방의 말에 찬성한다는 의미이지만, 반대로 옆으로 고개를 저으면 반대의사를 표시한다. 또한 검지를 입술에 대는 것은 "쉿, 조용히!"라는 의미를 갖고 있으며 부끄러움을 표현할 때는 손으로 머리를 긁적이기도 한다. 화자는 몸짓을 통해 전달하고자 하는 감정이나 의사 내용을 보완하고 지탱하고 있기 때문에 이러한 동작이 전혀 수반하지 않고 대화를 진행하려고 하면 도리어 어색하게 느껴질 수 있다.

몸짓언어는 한 사회 안에서 각각의 의미를 지니며 통용되는데, 이는 몸짓 언어가 그 사회가 오랫동안 습관적으로 만들어온 공통의 약속사항이기 때문이다. 그러므로 문화가 서로 다른 나라 사람들 사이에서는 동일한 몸짓이 다른 의미를 지니는 경우도 적지 않다. 예를 들면 일본에서는 손으로 턱 주변을 쓰다듬거나 약간 치켜드는 행위가 자랑스러움, 으쓱거림을 나타내지만 이탈리아에서는 상대방의 말이 길어져서 따분하다는 의미를 지닌다고 한다. 이것은 따분한 이야기를 듣고 있자니 내 수염이 길어지고 있다는 전설에서 유래했다고 한다. 또 검지손가락을 머리 측면 관자놀이 부근에서 원 모양으로 돌리는 동작의 경우 한국이나 일본에서는 '돌았다' 또는 '미쳤다'의 의미로 사용되는데 반해 한국에 거주하는 중국 출신 이민자에게 물어보면 모두 "더 생각해 보라", "머리를 더 써 보라"라는 뜻으로 이해하였다는 조사보고서도 있다.

이처럼 문화적 배경에 따라 몸짓에 대한 해석이 다를 수 있다. 그리고 사람들의 흔히 하는 표정이나 동작에도 사실은 민족 고유의 문화나 전통이 깊게 연관되어 있다. 그러므로 아무리 외국의 언어나 문화를 학습하더라도 그 문화의 민족성이 배어 있는 몸짓언어까지 익히는 것은 쉽지 않다.

따라서 여기서는 한국인의 정서와 크게 다르지 않은 몸짓언어를 배제한, 일본인만의 특유한 몸짓이라 보이는 것들을 중심으로 지면이 허용하는 범위 내에서 소개하고자 한다.

2. 일본인의 인사법

몸짓이 정해진 형태를 갖추고 문화적인 습관으로 굳어버린 대표적인 것 중에 '인사'를 빼놓을 수가 없다. 일본을 비롯한 한국, 중국 등 동양권에서는 허리를 굽히고 머리를 숙이는 행위가 일반적인 인사법에 해당한다. 또 인사할 때 상대방과의 사이에 약간의 거리를 두는 것이 예의라 여긴다. 이에 반해 서양에서는 인사할 때 악수나 포옹을 하는 등 신체의 일부를 접촉함으로써 '우리는 친하다'는 감정을 전달한다.

2.1. 고개 숙임의 각도로 공손함을 표시

인사할 때의 고개 숙임 정도는 상대방의 지위에 따라 적절히 조절된다. 즉, 상반신의 기울기 정도에 따라 '가벼운 목례' '보통 경례' '최

[가벼운 목례] [보통 경례] [최고 경례]

고의 경례'로 나뉘는데 상대방에 대한 공손함의 정도가 달라지는 것이다.

일반적인 인사는 그림에서 보는 [보통 경례]와 같이 30도 각도로 이루어진다. 15도 정도의 가벼운 목례는 지인이나 아랫사람에게 하는 인사이며 45도에서 90도에 이르는 경례는 절이나 신사와 같은 곳에서 이루어지는 의식 등에서 볼 수 있는 인사다. 물론 일본 왕도 일본인들에게는 신과 동등한 존재로 여겨지기 때문에 왕을 대할 때 역시 최고 단계의 경의를 표하는 최고 경례가 이루어진다.

고개 숙임의 정도에 따라 공손함을 표시하는 인사법은 한국에서도 마찬가지이지만, 일본의 경우 특히 손아랫사람이 손윗사람보다 더 깊이 고개를 숙여야 한다. 또한 동등한 위치에 있는 데 한쪽이 상대방을 존중하는 마음에서 지나치게 깊게 고개를 숙이면 받아들이는 입장에서는 상대방에 대한 예의에 어긋난다고 보기 때문에 더 깊게 고개를 숙이게 되어 결과적으로 땅바닥에 머리가 닿을 수 있으니 주의해야 할 것이다.

또한 동양의 대부분의 인사법과 마찬가지로 일본의 인사법은 기본적으로 신체를 접촉시키지 않는다. 따라서 고개를 숙이기 위해 필요한 만큼의 일정한 거리를 유지하고 인사를 한 후 인사말을 주고받는다. 그러나 인사 도중에 몇 번씩이나 목례를 주고받는 것은 일본사람만의 특징이라 할 수 있다. 이에 관해서는 3.3에서 자세히 다루겠다.

2.2. 정좌에서 발달한 인사법

(1) 정좌

정좌(正座)란 말 그대로 바른 자세로 앉는 것이다. 한국에서 정좌라고 하면 전통적인 좌식 생활에서 남자가 하던 자세가 일반화된, 흔히 양반다리라고 하는 자세를 가리킨다.

그러나 현대 일본에서 가리키는 정좌란 무릎을 가지런히 꿇고 앉는 좌법을 말한다. 아주 먼 옛날에는 일본에서도 양반다리나 한 쪽 무릎을 세우고 앉는 자세가 일상적 자세였다는 기록이 있지만, 메이지 유신(1868) 이후 국민들에게 예법을 교육시키는 과정에서 무릎을 꿇는 좌법을 정좌라 일컫게 되었다고 한다.

중국이나 한국의 영향을 많이 받던 시대에서 벗어나 점차 독자적인 문화를 구축해 나가는 과정에서 일본의 예법도 달라진 경우라 할 수 있다.

(2) 일본 여관에서의 인사법

일본의 전통여관이나 전통요리점 등에서 안주인이 종업원들과 함께 손님을 맞이할 때 무릎을 꿇고 무릎 앞에 두 손을 가지런히 모아 고개 숙이는 인사법을 대할 때가 있다. 정좌 자세에서 두 손을 무릎 앞에 가지런히 모으고 목례를 하는 형태의 인사법으로 찾아주신 손님에 대한 최고의 경의 표시라 할 수 있다. 이것은 다타미 형태로 이루어진 일본식 집 현관에서 손님을 맞이할 때 하는 인사법이 발달한 것이다.

일본 여관 주인의 인사

최근에는 집 구조가 서구화되면서 이러한 인사를 할 공간이 없어지거나 하여 서서 인사하는 경우가 늘어나고 있는데, 마찬가지로 일본의 여관들도 점점 서구화되고 기업화 되면서 무릎 꿇고 손님을 맞이하는 곳이 점점 사라져 고객을 맞이하는 인사법도 변해가고 있다. 혹시 일본 여행지에서 무릎 꿇고 맞이하는 곳에 묵었다면 그곳은 상당히 오랜 전통을 자랑하는 여관이라 보면 된다.

(3) 도게자

도게자(どげざ, 土下座)란 한자 그대로 흙 위에 직접 무릎을 꿇고 엎드리는 행위라는 뜻인데, 요즈음은 흙을 직접 밟을 기회가 적기 때문에 도로 위나 방바닥에 엎드려도 도게자라고 지칭한다. 무릎을 꿇고 엎드리는 행위는 한국에서의 큰절과 유사하지만 손의 모양이나 위치가 다르다.

원래 도게자는 신도사상이 발달된 일본에서 신이나 불상 앞에서 비는 경우나 가장 존엄한 대상(왕이나 쇼군)에 대한 최고 공손함을 표하는 자세였다. 그러므로 도게자는 주고받는 인사가 아니라 일방적으로 이루어지는 인사법이라 할 수 있다. 계급사회였던 옛날과 달리 현대에서는 사태의 심각성을 깨닫고 깊은 사죄나 아주 중요한 사안에 대해 청원을 할 때 이러한 몸짓을 볼 수가 있다.

일본에서의 사죄 정도의 순

한국에서도 이러한 자세를 종종 볼 수 있기는 하지만 일반적으로는 무릎을 꿇는 사람으로 하여금 굴욕감을 맛보게 하려는 상대방의 욕구에 의해 이러한 행위가 이루어지는 경우가 많다. 따라서 한국의 경우 드라마의 설정과 같이 극단적인 상황이 오지 않는 한 웃어른 앞이 아닌 바깥에서 무릎을 꿇는 행위는 좀처럼 보기 힘들다.

물론 일본인들도 진심으로 반성하고 있음을 표시하거나 좀처럼 들어주기 힘든 부탁이라는 것을 알면서도 무리하게 부탁해야 하는 상황에서의 도게자를 굴욕적이라고 느끼는 것은 마찬가지이다. 그러나 사죄나 청원을 하는 행위의 도게자의 경우 상대적으로 굴욕감을 느끼는 정도가 덜하여 한국인보다는 일본인들에게서 더 자주 도게자 광경을 볼 수 있다.

2.3. 합장

'두 손으로 하는 합장 포즈'

양손을 모아 합장하는 행위는 원래 기도를 드릴 때의 몸짓이지만 일본에서는 기도드릴 때 이외에도 합장을 하면서 인사하는 경우가 있다. 합장은 어떠한 표정을 짓는가에 따라 인사의 의미가 조금씩 달라지므로 그러한 몸짓을 하는 상대방의 얼굴표정을 보면서 적절히 이해해야 할 것이다.

아래 왼쪽 그림은 식사할 때의 인사법으로 “잘 먹겠습니다.” 라는 뜻이 담겨 있다. 일반적으로 손에 젓가락을 끼고 합장하는 경우가 많으며 젓가락을 들지 않고 하기도 한다. 식사가 끝난 후에도 동일한 포즈로 “잘 먹었습니다.”라고 인사한다. 이때에는 아래 오른쪽 그림과 같이 젓가락을 들지 않는 것이 일반적이다. 식사 때 인사말과 함께 이루어지는 합장은 식탁에 오른 음식물을 수확하는데 고생한 농부나 어부들에 대한 감사, 맛있는 식사를 준비해 준 사람에 대한 감사의 의미를 담고 있다.

“잘 먹겠습니다.”

“잘 먹었습니다.”

반면에 아래 왼쪽 그림은 무엇인가를 간절히 부탁할 때, 오른쪽 그림은 사과를 할 때의 합장 모습이다. 두 그림 모두 모두 친한 사이에서 흔히 볼 수 있는 광경이다. 합장하는 자세는 같더라도 그림과 같이 얼굴 표정에 사죄나 청원의 의미가 담겨져 있으므로 오해할 일은 일어나지 않는다.

"부탁해~" "정말 미안해~"

태국인의 경우 인사를 나눌 때 상대방에 대해 기도하듯이 합장하는 것이 일반적인데, 상대방에 대한 경의를 표할 때 손의 위치가 올라가는 경향이 있다. 왕족에 대해서는 상당히 높은 위치까지 올라간다고 한다. 그러나 일본인의 경우 미안한 만큼 고개를 숙이기 때문에 합장한 손이 위로 올라가는 행위가 이루어질 뿐이다.

'한 손으로 하는 합장 포즈'

한 쪽 손만 합장 자세를 취하는 것은 원래 합장에서 유래한 것으로 "미안해"의 뜻으로 쓰인다. 당연히 손윗사람에게는 쓸 수 없으며 친한 관계에서 자주 볼 수 있는 몸짓이다.

또한 복잡한 길을 지나거나 시야를 가로지르거나 할 때도 비슷한 포즈를 취하는 경우가 있다. 이 경우는 한쪽 손을 펴서 앞으로 내밀고 "스미마셍"(すみません)이라 말한다. 스미마셍은 일본어에서 사죄나 고마움의 의미로 쓰이는 인사표현으로 "미안합니다", "고맙습니다"에 해당한다. 따라서 "(앞을 지나감으로 인하여) 시야를 방해해서 미안합니다", "길을 터 줘서 고맙습니다"의 의미로 사용하고 있는 것이다.

3. 일본인만의 몸짓언어

"저요?"

일본인들은 누군가 자신을 부르거나 지칭한다고 느낄 때 코 부근에 손가락을 대고 "저요?" 하고 확인한다. 한국인이나 미국인이라면 대부분의 경우 손가락으로 가슴부분을 가리키거나 가슴에 손을 얹을 것이다. 서구에서는 가슴에 손을 얹거나 가슴부분을 가리키는 것은 자아가 가슴에 있다고 는 반면 일본인들의 경우에는 머리에 혼이 깃들어 있다고 보기 때문이라는 설이 있다.

"저요?"

그렇다면 가슴에 손을 대는 행위를 일본인들이 하지 않느냐 하면 그렇지도 않다. 일본어에 "胸に手を当ててよく考えてみなさい。"(가슴에 손을 얹고 잘 생각해 봐.)라는 표현이 있다. 가슴에 손을 대는 행위는 자기 자신의 마음에 질문을 던져 생각해 보라는 뜻으로 자신이 한 행동을 판단해 보라는 뜻으로 쓸 때 이러한 몸짓을 한다.

'부정이나 거절'

한쪽 손을 세워서 코언저리에서 옆으로 흔들면 상대방의 말에 대한 부정을 나타낸다. 때로는 상대방이 지칭하는 대상이나 물건이 '없다'는 것을 강조하는 뜻으로도 쓰이기도 한다. "없어!"

'고개 끄덕임'

한 연구에 따르면 일본인의 맞장구인 끄덕임 빈도는 미국인의 거의

2배에 이른다고 한다. 맞장구는 대화를 이어가는 방식의 하나이지만 끄덕임의 횟수가 지나치게 빈번하여 외국인들이 종종 위화감을 느끼기도 한다. 일본인들은 고개를 끄덕이는 몸짓으로 상대방의 대화에 대해 내가 듣고 있다는 것을 표시하고 이를 상대방에 대한 예의라고 생각한다. 서구인들이 손이나 팔을 쓰는 횟수만큼 일본인들은 고개를 끄덕인다고 보면 될 것이다.

한편, 일본인들에게서 대화나 인터뷰 때 자신의 말이 끝난 다음에 고개를 자주 끄덕거리는 모습을 볼 수 있다. 이것은 자신이 말한 표현에 대한 자기긍정으로 볼 수 있는 몸짓이다. 즉 자신이 한 말에 대해 확신하거나 의지를 표현하는 것으로 주로 여성들에게서 많이 볼 수 있다. 남성들도 횟수는 다소 적지만 한국인에 비해서는 자주 목례에 가까운 끄덕임을 확인할 수 있다.

"여친 있어?"

일본에는 새끼손가락에서 빨간 실이 나와 운명으로 맺어진 누군가와 연결되어 있다는 전설이 있다. 이것이 와전되어 왼손의 새끼손가락을 세우는 행위가 애인이나 정부를 가리키는 표현이 되었는데 주로 남성 입장에서 사귀는 여성을 가리키는 표현으로 정착하였다.

그런데 같은 동양권이라도 중국이나 인도네시아에서는 이러한 행위가 '저질스러운 사람'이나 '가장 작다'는 의미를 내포하고 있으므로 조심해야 한다.

"이상한 성적 취향이 있어"

한 쪽 손등을 볼 옆에 가까이 대는 포즈는 직접적으로 말할 때 쓰기보다는 남의 흉을 보거나 안 좋은 정보를 흘릴 때 사용하는 몸짓 중의 하나로 대개 남의 성적 취향을 가리키는 몸짓이 있다. 즉, 귓속말을 연상하게 하는 포즈를 취하면 "○○는 성적 취향이 이쪽(남성이 남성을 좋아하는 취향)이래."라는 뜻이 된다. 비밀스러운 말을 하려나 하고 오해하기 쉽지만 이러한 광경을 접하면 더 이상 캐묻지 않는 것이 무난하다.

"저 사람은 야쿠자야"

멀리 있는 사람을 가리키며 그림과 같이 검지로 볼을 쓸어내리는 동작은 '저 사람은 야쿠자(폭력조직원)야.'라는 의미이므로 조심하라는 뜻이 된다. 3.5와 마찬가지로 직접 말로 표현하기 어려울 때 쓰는 몸짓에 해당한다. 손가락으로 얼굴을 비스듬하게 아래로 그어 칼자국을 내는 듯한 손짓을 하는데, 폭력 조직원들이 싸우다가 칼을 맞는 경우가 많아 칼 맞은 자국이 있는 사람들이라는 뜻으로 이렇게 표현한다고 한다.

4. 일본인이 싫어하는 행위

의사소통과는 관계가 없지만 일본인을 만나거나 여행을 가서 실수를 범할 수 있는 행위들 에 대해 몇 가지 소개하고자 한다. 아래 행위들은 일본인들에게 불쾌함을 줄 수 있으므로 주의하자.

'젓가락끼리 음식 주고받기'

일본인과 식사를 할 때 절대 해서는 안 되는 행동이 있다. 그것은 젓가락으로 음식을 주고받거나 음식을 건네는 행위이다. 일본에서는 주로 사람이 죽으면 화장을 하는 풍습이 있는데, 젓가락에서 젓가락으로 음식을 옮기는 모습이 화장 후 남은 뼛조각을 젓가락을 이용해서 단지로 옮기는 모습과 유사하여 식탁 위에서 그러한 행위를 하는 것 자체를 금기시하고 있다.

한국인의 경우, 맛있는 음식을 권하거나 할 때 이러한 행위가 아무렇지도 않게 이루어지곤 하는데, 일본인이 만약 누군가에게 젓가락으로 음식을 건네받았다면 내색을 안 하지만 속으로 엄청 놀라고 욕을 할지도 모른다. "나한테 감히 죽은 사람을 먹으라는 거야?"

'동성끼리 팔짱끼기'

한국인들이 동성의 일본인 친구 손을 잡거나 팔짱을 끼었을 때 상대방이 너무 소스라치게 놀라 무안을 당했다거나 반대로 일본 원어민 교사들은 한국인 학생들이 갑자기 팔짱을 껴서 당황스러웠다는 경험담을 종종 들을 수 있다.

일본인들이 한국에 와서 놀라는 장면 중의 하나가 여성끼리 팔짱을 끼거나 손을 잡고 거니는 모습이다. 일본에서는 레즈비언(여성 동성애자)들이 주로 이러한 행위를 하기 때문인데 동성끼리 팔짱을 끼는 동작은 한국문화에 익숙하지 않은 일본인들에게 '한국에는 레즈비언들이 많다'라는 오해를 일으킬 수도 있다. 한국문화에서는 친근함의 표시가 문화적 관습의 차이로 인해 다르게 해석될 수 있으니 일본인을 대할 때는 적당한 거리를 유지하는 것이 우정을 지킬 수 있는 길이라는 점을 알아두자.

4.3. 눈을 똑바로 쳐다보는 행위

일본인들은 대화를 할 때 상대방이 자신의 눈을 똑바로 쳐다보면 상당히 불편해 한다. 상대방에 대한 예의범절을 가르칠 때 '눈을 쳐다보는 시간이 짧으면 무관심한 이미지를, 길면 압박감을 주게 된다.'고 지적한다. 상대방을 지나치게 바라보지 말고 더불어 실례가 되지 않도록 하는 방법으로는 '상대방의 얼굴 양쪽 눈 끝과 콧등 중심을 연결하는 역삼각형을 상상하여 그 범위 안을 쳐다보는 방법'을 권한다. 실제로 눈을 마주치고 있지 않지만 상대방은 쳐다보고 있다고 느낀다는 것이다.

일본인들과 대화를 나눌 때는 지나치게 상대방의 눈을 똑바로 쳐다보지 말고 잠깐 생각을 하는 것처럼 위나 옆을 바라보거나 손등 부분을 보면서 이야기 하는 것이 좋을 것이다. 그러나 청자 입장에서는 전혀 쳐다보지 않으면서 이야기하는 것은 금물이다. 또 명함을 전달하거나 상대방에게 꼭 전해야 할 중요한 사항을 전달할 때는 반드시 눈을 쳐다보면서 얘기해야 하는 것도 잊지 말아야 할 것이다.

한국과 일본은 같은 동양문화권에 속해있어서 비슷한 몸짓언어를 공유하고 있다. 그러나 여기에서 언급한, 한국인들이 보았을 때 낯설게 느껴지거나 다른 의미로 오해할만한 소지가 있는 몸짓언어들이 있다.

위에 소개한 것들 중 일부분은 일상적으로 접할 수 있는 것들도 있고 일본의 영화나 애니메이션, 드라마를 통해서만 접할 수 있는 것들도 있다. 이러한 몸짓들은 일본문화를 배경으로 생겨난 것들이므로 알아두면 일본인들의 생각이나 문화를 이해하는데 도움이 되지 않을까 한다. 이를 통해 일본인과의 대화에서 실례를 범하지 않게 되고 일본인들을 오해하지 않게 되는 계기를 마련할 수 있을 것이라 생각한다.

X 중국

10

중국의 몸짓: 함축과 직설의 언어

임대근

1. 서로 다른 인사법

중국어를 처음 배우던 무렵 중국인은 누구에게나 '당신'이라고 말할 수 있다는 설명이 꽤 흥미로웠다. 상대방을 부르는 호칭인 2인칭 대명사 '니(你)'는 친구는 물론 부모님이나 선생님 그 누구에게라도 쓸 수 있다는 설명이었다. 정중한 표현으로 '마음을 더해' 말하는 '닌(您)'도 있기는 했지만 '니'는 더 보편적이다. 상대방을 통틀어 부르는 2인칭이 발달하지 않은 우리말에 비하면 간편한 방법이다. 물론 영어도 상대가 누구라도 'you'를 써서 나타낼 수 있다. 그러나 우리와 가까운, 더욱이 우리말에 꽤 영향을 많이 끼친 중국어가 이런 표현을 쓴다는 건 좀 다른 느낌이었다. 그만큼 중국어는 수평적 언어이고, 우리말은 수직적 언어라는 의미일 것이다. 우리말은 상대가 누군지에 따라, 즉 나이가 많은지 적은지, 지위가 높은지 낮은지에 따라 상대를 부르는 호칭이 달라지기 때문이다. 그래서 우리는 누군가를 만나면 상대와의 관계를 파악하기 어려운 상황에서 또는 간단히 인사하기 위해서 그저 "안녕하세요!"라고 말하는 반면, 중국어는 "당신 안녕하세요!"(你好!)라고 인사한다.

'당신'이란 말은 우리말에서 매우 제한된 2인칭이다. 부부 사이에 쓰거나 친근한 동료나 친구 사이에(주로 중년 남성들이), 서로 시비가 붙어 잘잘못을 가리려고 할 때 언성을 높이며 쓰곤 한다. 그런데 요새 이 '당신'이 범람하고 있다. 특히 광고나 홍보물 같은데서 꽤 자주 등장한다. 내 기억으로는 아마도 여러 해 전 "열심히 일한 당신, 떠나라"라는 광고 문구의 영향이 크지 않았나 한다. 영어의 영향도 적지 않았을 것이다. "당신의 도움이 필요합니다", "책 읽는 당신은 아름답습니다." … 등과 같은 표현들이 넘쳐난다. '당신'이 불특정 다수를 부르는 호칭으로 변해가고 있는 것인데, 사실은 '여러분'이라고 쓰면 딱 좋을 말이다. 그러다보니 억지 번역도 많이 생겨난다. 특히 중국어 교재들에서는 '니'를 무조건 '당신'이라고 번역하는 습관을 볼 수 있다. "당신 밥 먹었어요?", "당신은 어디에 가나요?", "당신은 무엇을 좋아하나요?"… 등등. 교재에 등장하는 인물들이 모두 부부 사이가 아니라면, 억지 번역이라 아니할 수 없다. "니하오!"가 "당신 안녕하세요!"가 아니듯이 이런 표현들에서도 모두 '당신'을 빼는 편이 옳다. 우리말은 2인칭 대명사를 쓰지 않는 경우가 많고 중국어는 쓰는 경우가 많기 때문이다. 일종의 '번역하지 않는 번역' 전략을 택해야 하는 것이다. 그렇지 않으면 '니'가 곧 '당신'이라는 생각에 사로잡혀 결국 학습자의 중국어 학습은 물론 한국어 번역에까지 심각한 영향을 미치게 된다.

다소 길게 이야기했지만, 요점은 중국이 우리와 많은 전통을 공유하고 있다고 해서 문화도 비슷하리라는 생각은 선입견이라는 사실을 강조하려는 뜻이다. 중국은 우리와 참 다른 문화를 가지고 있다. 이 점을 잘 살펴야만 중국을 한 걸음 더 깊이 이해할 수 있게 된다.

말로 하는 인사뿐만 아니라 몸으로 하는 인사도 사뭇 다르다. 연배가 꽤 높은 중국인 교수님들을 만날 기회가 종종 있는데 그 때마다 우리 식으로 고개를 숙여 인사를 하곤 하면, 어떤 경우에는 상대방이 적잖이 당황하기도 한다. 학생들과 함께 한 자리에서 한 교수님은 학생들의 그런 모습을 두고 "한국인은 정말 예의가 바르다"고 말하기도 했다. 사실 중국에도 이런 인사법이 전혀 없는 것은 아니다. 고개를 숙일 뿐 아니라, 머리를 땅에 대고 절을 할 수도 있다. 그러나 오늘날 일상적으로는 이런 모습들이 거의 사라졌다. 머리를 조아리는 것은 사극에나 나올 법한 장면이 됐다. 옛날 사극에는 심지어 직접 자신의 뺨을 연달아 때리면서 잘못을 뉘우치는 중국식 '인사법'도 자주 등장한다. 그러면서 스스로를 '누차이(奴才)', 즉 '노예'라고 부르기까지 한다.

오늘날에도 중국인의 몸짓 언어는 우리와 많은 부분에서 다른 특징을 보여준다. 사극 이야기가 나온 김에 우선 옛날이야기 하나를 들어보며 중국의 몸짓 언어에는 어떤 종류가 있는지 살펴보자.

2. 손가락을 굽혀 절하기: '취즈다이구이(曲指代跪)'

중국인은 차를 즐겨 마신다. 중국인의 일상에서 빼놓을 수 없는 음료다. 아침저녁으로 집에서나 직장에서나 언제 어디서든 마신다. 택시 기사들은 큼지막한 찻병을 하나씩 차에 태우고 다닌다. 기차역 같은 데도 차를 마실 수 있는 따뜻한 물을 제공한다. 더운 한여름에도 따뜻한 차를 마신다. 중국인은 차디찬 음료를 벌컥벌컥 들이키는 한국인을 보면 의아함과 놀라움을 동시에 나타내곤 한다. 그러다가는 속이 다 상한다며 나무라기도 한다. 차는 자신을 위해서도 마시지만, 손님을 접대할 때도 빠지지 않는다.

청나라 때 유명한 황제 중 하나인 건륭제(乾隆帝)가 강남(江南) 지역에 미복을 하고 시찰을 갔을 때 일이다. '미복'이란 황제가 백성들의 옷으로 변장하는 일을 말한다. 황제는 원래 금빛 찬란한 옷을 입는데 백성들의 살림살이를 엿보려 할 때는 아무 색깔도 무늬도 없는 옷을 입었다. 황제를 따르던 신하들이 몇 있었다. 그런데 무슨 까닭인지 황제가 문득 흥에 겨워 신하에게 차를 따라 주기 시작했다. 황궁에서는 상상도 할 수 없는 일이었다. 설령 그런 일이 있다 해도 신하들은 정중한 예를 갖추어 황제의 찻잔을 받아들어야 했다. 그러나 상황이 상황인지라 황제 앞에 무릎을 꿇고 예를 갖출 수도 없었다. 그랬다간 지체 높은 분이라는 사실이 금세 들통 나고 말 일이었다. 놀라 당황한 신하는 어찌해야 좋을지 몰랐다. 무릎을 꿇지 않는다면 그건 대역죄로 다스려질 일이었다. 진퇴양난이었다. 그 때 한 신하가 영민하게 방책을 생각해 냈다. 검지와 중지 두 손가락을 구부려 마치 무릎을 꿇는 듯한 모습을 만들어서 찻상 위를 톡톡 두드렸다. 황제 앞에서 무릎을 꿇어 예를 다하겠노라는 의지를 분명히 표현한 것이다.

'취즈다이구이'라는 성어가 생겨나는 순간이었다. 그 뒤부터 중국에는 이 풍습이 널리 유행했다. '취즈(曲指)'는 '손가락을 구부리다'는 뜻이고, '다이구이(代跪)'는 '무릎 꿇기를 대신하다'는 뜻이다. 즉 "손가락을 구부려 무릎 꿇기를 대신하다"는 새로운 말이 생겨났다. 특히 누군가에게 차를 대접받으면 이런 모양을 취해 감사의 뜻을 나타낸다. 요새는 찻잔뿐 아니라 술잔을 받을 때도 이런 제스처를 취하곤 한다. 중국인은 우리처럼 다른 사람에게 적극적으로 술을 따라주지 않는다. 대부분 식당 종업원이 직접 술잔을 채워준다. 술을 따라주더라도 우리처럼 술잔을 손에 들고 받지 않는다. 그냥 식탁 위에 두면 잔에 채워준다. 그래서 술을 따르고 받을 때도 특별한 예절은 없다. 그러나 감사의 뜻을 표현하려면 이렇게 손가락을 구부려 식탁을 두어

번 톡톡 두드리면 된다(물론 요즘에는 다른 사람이 자신에게 차나 술을 따라 줄 때 한 손 또는 두 손을 찻잔이나 술잔 옆에 두는 것만으로도 상대에게 감사를 나타낼 수도 있다).

3. 손으로 말하는 중국인

중국인의 몸짓 언어 중 가장 일반적으로 활용되는 신체 부위는 역시 손이다. 손은 입을 도와주는 언어와 소통의 도구다. 손을 활용한 중국인의 대표적인 몸짓언어를 알아보자.

'엄지 척: 엄지를 위로 올리기'

중국인이 가장 많이 쓰는 손짓 언어 중 하나다. 많은 나라에서처럼 중국도 역시 칭찬과 격려의 뜻을 나타낸다. "좋았어!", "최고야", "훌륭해!", "대단한 걸!" 등의 의미를 나타낸다.

'엄지를 아래로 향하기'

많은 나라에서 이러한 동작의 손짓 언어를 사용하는데 그 의미는 각각 다르다. 영미권에서는 "동의할 수 없다", 프랑스 등에서는 "쓸모없다"는 뜻을 나타낸다고 한다. 중국에서는 이런 손짓이 그저 "아래로"라는 방향을 나타낼 뿐, 특별한 가치를 담고 있지는 않다는 점이 특이하다.

'검지를 쭉 펴기'

중국인이 검지를 뻗어 위로 들어 올렸다면 이는 숫자를 나타내는 행위다. 숫자 '일'을 나타낼 수도 있고, 때에 따라서는 '십', '백', '천' 등을 나타낼 수도 있다.

'검지와 중지를 쭉 펴기'

V자 모양으로 만들어진 손 모양은 많은 서양 국가에서는 '승리' 즉 'victory'를 나타낸다. 우리나라에서도 마찬가지다. '승리' 또는 '기호 2번' 등을 나타낸다. 특히 우리나라에서는 이 표현이 사진 찍을 때 자주 등장한다. 사진을 찍을 때마다 등장하는 이런 동작을 보고 중국인은 다소 의아하게 생각하는 경우가 적지 않다. 심지어 "도대체 한국인은 왜 그렇게 V자를 좋아하느냐?"고 물어오기도 한다. 중국에서 이 손짓은 그저 '둘' 또는 '두 번째'라는 기수나 서수를 나타낸다. 때에 따라서는 '가위'를 나타내기도 한다. 무언가를 자른다는 표현을 할 때도 이렇게 표현하곤 하는데, 이는 물론 손 모양이 가위 모양을 본떴기 때문에 연상작용을 일으킨 것이다.

'중지를 쭉 펴기'

중지를 위로 올리는 행위는 서양에서는 심한 욕설을 의미한다. 중국에서도 역시 비하의 뜻으로 쓰이는데, 그 의미는 조금 다르다. 중국에서는 이런 손짓은 "허튼소리하다", "제멋대로 말하다"는 뜻으로 자주 쓰인다. 쓰촨(四川) 등 일부 지역에서는 상대방에 대한 모욕을 나타내기도 한다. 동·서양을 막론하고 중지 혼자서는 그다지 환영받지 못하는 손짓이 된 것이다.

'소지(새끼손가락)를 쭉 펴기'

소지, 즉 새끼손가락을 쭉 펴는 손짓은 중국에서 "작다", "충분하지 않다", "졸렬하다", "꼴등이다" 등의 뜻을 나타낸다. 그다지 좋지 않은 의미이기 때문에 경멸의 의미도 담고 있다. 우리가 새끼손가락으로 간혹 '애인'을 나타내는 것과는 사뭇 다른 의미이므로 조심해서 써야 한다.

'중지, 약지, 소지를 쭉 펴기'

중지와 약지, 소지를 쭉 펴면 결국 엄지와 검지만이 서로 남아 동그라미 모양을 그리게 된다. 우리나라에서는 이런 손짓은 '돈'을 뜻하거나, 영미권의 영향으로 'OK'를 뜻하는 경우도 있다. 그러나 중국에서는 단순히 그저 숫자 0이나 3을 의미한다.

'손을 아래로 하고 몇 차례 구부렸다 펴기'

상대방을 자기 쪽으로 오라고 부를 때는 중국인도 우리처럼 손바닥을 아래로 향하게 하고 손가락을 전체적으로 여러 차례 구부리는 동작을 한다. 이는 영미권에서 손바닥을 위로 하고 검지 하나만 여러 차례 구부렸다 펴는 동작과는 다르다. 한국인이나 중국인이 이런 동작을 한다면 이는 상대에 대한 심한 반감을 갖고 있는 경우다. 이를 대하는 상대방도 매우 기분이 나쁠 수밖에 없다.

'손으로 말하는 숫자'

위에서도 여러 가지 예를 들었지만, 중국인은 손으로 숫자를 표현하는데 익숙하다. 중국인이 손으로 숫자를 표현하는 방법을 조금 더 알아보자. 숫자를 표현하는 중국인의 손동작은 매우 특이하다. 대체로 1부터 5까지는 우리와 같이 손가락을 그에 해당하는 수만큼 펴서 표현한다. 그러나 6부터 10까지는 다르다.

6은 상대방에게 손등을 보인 상태에서 검지, 중지, 약지를 자기 쪽으로 구부려 집어넣는다. 그러면 팔목부터 이어지는 손 모양이 한자로 '여섯 륙(六)' 자를 연상할 수 있게 된다. 물론 손을 보고 있는 상대방 입장에서다. 7은 엄지와 검지, 중지를 모아서 마치 '일곱 칠(七)' 자 모양으로 상대방에게 보여준다. 8은 엄지와 검지를 쭉 펴서 '여덟 팔'(八) 자 모양을 만들어 보여준다. 9는 '아홉 구(九)' 자가 꺾임이 있다는 특징을 감안하여 주먹을 옆으로 살짝 쥔 상태에서 검지만 들어 올려 갈고리를 만든다. 10은 다양하게 표현할 수 있다. 두 손을 모두 쫙 피거나, 한 손만 폈다가 앞뒤로 한번 뒤집어 보여줄 수 있다. 아니면 주먹을 꽉 쥔 상태가 10을 나타내기도 한다. 양손의 검지를 서로 교차하여 '열 십(十)' 자를 만들어 보여주기도 한다(이 동작은 홍콩에서는 '밀접한 관계'를 의미하기도 한다).

단독으로 숫자를 나타낼 때는 이런 손짓을 구사하지만, 연속해서 숫자를 헤아릴 때는 조금 다를 수도 있다. 서양인들은 손가락을 하나씩 펴가면서 숫자를 헤아린다. 그러나 중국인은 오른손 엄지부터 하나씩 구부려가면서 수를 센다. 1부터 5까지 헤아리면 손가락이 모두 구부려지게 된다. 서양인들은 6부터 10까지를 셀 때 대부분 두 손을 모두 쓴다. 즉 한 손으로는 5까지만 나타내는 것이다. 중국인도 이런 경우가 없는 것은 아니지만 대체로 아이들의 경우에만 이렇게 할 뿐, 6부터 10까지는 위에서 말한 '한자 모양 만들기' 방식이 더 자주 활용된다.

이렇듯 중국인은 손을 이용하여 한자를 만들어가면서까지 숫자를 나타낸다. 그것은 아마도 중국어가 발음이 서로 같거나 비슷한 음절이 많아 잘못 들으면 혼돈스러울 수 있기 때문에 벌어지는 일일 것이다. 이렇게 발음이 같거나 비슷한 현상을 '해음(諧音)'이라고 하는데, 다른 경우라면 몰라도 정확성을 중요하게 생각하는 숫자 말하기에서는 미연에 혼란을 방지하는 편이 좋을 테니, 손가락을 총동원하는 몸짓언어를 구사하는 것이라고 할 수 있다.

중국인은 손짓을 이용하여 숫자를 나타내는데 익숙하다. 중국인이 검지와 중지를 펴 들면 2를 나타내지만, 미국인이 이런 손짓을 하면 '승리'를 나타낸다. 중국인이 엄지와 검지를 곧게 펴면 8을 나타내지만 미국인이 이런 손짓을 하며 2라는 뜻이 된다. 한번은 미국 사업가가 비즈니스를 위해 중국 상하이의 식당에 들렀다. 멋진 음식과 더불어 맥주를 한 잔 하고 싶었던 미국인에게 마침 종업원이 다가왔다. 필요한 것을 묻는 종업원에게 맥주를 요청하자 몇 병이나 필요하냐는 질문이 다시 이어졌다. 미국인은 엄지와 검지를 쭉 펴 보였다. 잠시 후 식당 종업원은 모두 여덟 병이나 되는 맥주를 가져왔다. 어안이 벙벙한 미국인은 한참 뒤에 중국인 파트너의 설명을 듣고 나서야 두 나라 문화의 차이를 이해하게 됐다고 한다.

이 밖에도 중국인이 쓰는 손짓 언어로는 다음과 같은 것들이 있다.

'검지로 얼굴을 긁기'

검지를 쭉 펴서 손끝으로 자기 얼굴을 몇 차례 긁는 동작은 "무안하다", "민망하다"는 뜻을 나타낸다.

'검지로 자신의 코를 가리키거나 누르기'

검지로 자신의 코를 가리키거나 누르는 동작은 "저에요", "제가 한 일이에요" 등과 같이 자신의 존재나 행위를 나타낸다.

'손으로 입을 가리기'

특히 말을 할 때 한 손으로 입을 가리는 동작은 우리와 같이 '비밀' 또는 '사적인 이야기'를 나타낸다.

손짓을 잘 활용하면 말로써 다 표현할 수 없는 자신의 감정이나 처해 있는 상황 등을 잘 나타낼 수 있다. 간단하고 직관적일 뿐 아니라

효율성까지 갖춘 게 바로 손짓 언어, 몸짓 언어다. 그러나 같은 손짓, 몸짓이라고 하더라도 문화권마다 의미가 다를 수 있기 때문에 특별히 잘 구별할 필요가 있다. 오늘날처럼 글로벌화된 세계를 살아가는 우리로서는 더욱 이런 몸짓 언어에 주의를 기울여서 상대를 이해하는 노력을 해나가야 할 필요가 있다.

4. 얼굴로 말하는 중국인

"눈은 마음의 창"이라고들 한다. 눈짓은 말을 쓸 수 없을 때 유용하게 자신의 의사를 표현하는 도구로 활용할 수 있다. 눈을 게슴츠레 뜨거나, 크게 뜨거나, 눈을 감거나, 윙크를 하는 행동은 모두 각각의 몸짓 언어로서 상대방에게 단순한 신체 행동 이상의 의미를 전달하게 된다. 이를 통해 무언의 상태에서 자신이 표현하고자 하는 바를 말하게 되는 것이다.

'윙크하기'

서양에서 윙크하기는 친근한 호감을 나타내는 경우가 대부분이다. 지나치면 성적인 관심까지 표현하는 경우도 적지 않기 때문에 매우 친밀한 사이가 아니면 잘 하지 않는 몸짓 언어다. 중국 일부 지역에서는 윙크가 상대방에 대한 도전으로 받아들여진다. 특히 낯선 사람에게 눈을 깜빡이는 것은 명백한 도전 행위이며, 여성에게는 절대로 해서는 안 되는 행위로 이해되고 있다.

'눈을 크게 뜨고 보기'

눈을 '동그랗게' 뜨고 보는 것은 서양에서는 바람직한 태도가 아니라고 여겨진다. 상대방에 대한 무례와 실례를 나타낼 수 있기 때문이다. 특히 여성에 대해서는 그렇게 해서는 안 된다. 그러나 중국에서는 눈을 '동그랗게' 뜨고 상대를 바라보는 태도는 그저 상대방이나 어떤 사물에 대한 호기심과 놀라움을 나타낼 뿐이다. 따라서 이런 태도가 특별한 반감을 불러일으키지는 않는다.

'머리를 흔들기'

여러 문화권에서 머리를 위아래로 끄덕이는 것은 긍정의 신호를 나타낸다. 상대방의 뜻에 동의한다는 표현이다. 물론 일부 문화에서는 이 동작이 정반대로 "아니오", "동의하지 않아요"라는 뜻으로 쓰이기도 한다고 한다. 예컨대 네팔이나 스리랑카, 인디안, 에스키모 사람들이 고개를 끄덕이면 부정의 신호가 된다. 더 흥미로운 사실은 고개를 좌우로 흔드는 동작이다. 많은 경우에 이는 부정의 신호이다. 영어권 국가에서도 "아마도", "그저 그래" 등의 부정적 표현을 나타낸다. 그러나 중국인은 이런 몸짓 언어를 아예 쓰지 않는다.

'소리 내어 웃기'

세계 어디서는 웃음은 기쁨과 즐거움, 친근감, 만족감 등을 나타낸다. 중국도 예외는 아니다. 그런데 중국인은 간혹 웃어야 할 때가 아닌 것 같은 상황에서도 큰 소리로 웃는 경우가 있다. 이런 경우를 당하는 외국인은 종종 곤혹스러움을 호소하기도 한다. 중국의 한 식당에서 외국인이 무심결에 접시를 깨뜨리고 말았다. 당황해하던 외국인 귓가로 문득 웃음소리가 들려왔다. 어떤 상황인지 몰라 더욱 당황해하던 그 외국인은 급기야는 화가 나기 시작했다. 그리고 자신을 쳐다보며 웃고 있는 중국인에게 한 마디 쏴 부치고 싶은 생각을 억지로 눌러야 했다. 이런 일을 당하면 중국인은 곧잘 웃곤 한다. 이는 사실 "별일 아니라고 생각하세요", "한 번 그저 웃어넘기세요", "저도 늘 그런 일을 당해요", "괜찮습니다" 등과 같은 뜻을 내포하고 있다. 사실은 실수를 저지른 외국인을 마음으로 위로하고 도와주려는 배려의 뜻이 들어있었던 것이다.

5. 숙어 속의 몸짓 언어

앞서 '취즈다이구이' 이야기도 언급했지만, 중국은 숙어의 나라라고 해도 과언이 아니다. 오랜 세월에 걸쳐 굳어진 숙어는 촌철살인의 의미 표현으로 복잡한 상황을 함축하고 집약하는 유용한 도구다. 중국어 숙어는 크게 성어, 속담, 관용어, 헐후어(歇後語) 등으로 나뉜다. 이런 숙어에도 몸짓을 나타내는 다양한 표현들이 지금까지도 살아 숨쉬면서 중국인의 언어생활을 다채롭게 만들어주고 있다.

'동시효빈(東施效顰)'이라는 말이 있다. 직역하면 "동시라는 사람이 눈썹 찡그리기를 흉내내다"는 뜻이다. 옛날 월(越)나라에는 나중에 중국의 4대 미녀 중 하나라고 하는 서시(西施)가 살고 있었다. 그런데 서시는 웬일인지 늘 속이 불편했다. 이 때문에 자주 눈썹과 이마를 찡그리며 아파했다. 사람들이 보기에는 그 모습이 더할 나위 없이 아름답고 매력적이었다. 사람들 사이에 동시가 이마를 찡그리면 더없이 매력적이라는 소문이 퍼졌다. 이 소식을 전해들은 마을의 한 여인이 있었다. 그러나 이 여인은 안타깝게도 서시와는 비교 자체가 불가능할만한 추녀였다. 이 여인은 자신도 남다른 매력을 갖춰보려고 서시에게 도전했다. 시도 때도 없이 눈과 이마를 찡그리며 다녔던 것이다. 결과는 참담했다. 많은 사람들이 여인을 비웃었고, 마침내 '서시'라는 이름에 빗대 '동시'라는 별명까지 지어주었다. 여기서 유래한 '동시효빈'

이라는 성어는 이제 "겉모양만 흉내 내어 더욱 좋지 않은 결과를 가져오다", 또는 "객관적인 상황을 무시하고 모방하여 나쁜 결과에 이르다", "남의 결점을 장점인 줄 알고 덩달아 흉내 내서 더욱 나빠지다"는 뜻을 갖게 됐다.

'지수화각(指手畵脚)'이라는 말은 "손으로 가리키고 발로 그림을 그린다"는 뜻이었다. 즉 "손짓발짓하며 말을 하다"는 뜻이었는데, "요즘에는 매우 오만한 태도로 상대방을 나무란다"는 뜻으로 더 자주 쓰인다. 그러니까 손짓 발짓은 상대방에게 아무렇게나 하면 매우 오만하게 비추일 수 있다는 무언의 심리를 나타내고 있는 성어라 하겠다.

또 다른 예로 우리말에서도 자주 쓰이는 성어인 '속수무책(束手無策)'을 들 수 있다. 이 말은 "두 손이 묶여 아무 방책도 세울 수 없는 상황"을 나타낸다.

예부터 내려오는 흥미로운 속담도 적지 않다. "밥이 오면 입을 벌리고, 옷이 오면 손을 뻗는다(飯來張口, 衣來伸手)"는 말은 "아무 일도 하지 않고 게으름을 피우며 남이 해주는 밥만 얻어먹고, 남이 갖다 주는 옷만 얻어 입는다"는 뜻이다. 자기 책임을 다하지 않으면서 다른 사람 덕만 보고 사는 사람을 나무랄 때 쓰는 표현이다. "가로로는 코의 결점을 들추고 세로로는 눈의 결점을 들춘다(橫挑鼻子竪挑眼)"는 말은 "코가 어떠니 눈이 어떠니 하고 트집을 잡다", "마구 생트집을 잡다"는 뜻이다. 온갖 트집을 잡기 좋아하는 사람을 나무라는 표현이다. "다리가 곧으면 신발이 휘어질까 걱정하지 않는다(脚正不怕鞋歪)"는 말은 "자신의 행위가 올바르면 다른 사람이 나무라는 일을 걱정하지 않아도 된다"는 뜻이다. 다른 사람의 쓸데없는 말에 일희일비하지 말라는 표현이다.

오늘날 자주 쓰이는 관용어에도 몸짓이나 신체 부위를 나타내는 말을 활용한 경우가 적지 않다. 예를 들면 '홍옌빙(紅眼病)'이라는 말은 원래 '전염성 급성 결막염'을 나타냈는데, 이 말 자체가 '눈이 붉어지는 병'이라는 뜻을 가지고 있어서 '누군가를 시기 질투하는 습관'이라는 뜻으로 확장됐다. '러우이서우(露一手)', 즉 "한 손을 드러내다"는 표현은 "솜씨를 한 수 보여 주다", "재주나 솜씨를 자랑하다"는 뜻이다. '나서우시(拿手戏)', "손을 들어 올리는 연극"이라는 말은 "가장 뛰어난 재주나 솜씨"라는 뜻이다. 예컨대 어떤 요리사의 주특기 요리를 '나서우차이(拿手菜)'라고 말하는 식이다. '펑이비쯔후이(碰一鼻子灰)'라는 말은 "코에 온통 재가 묻었다"는 표현인데, 이는 "누군가에게 거절을 당하거나 꾸지람을 들어 난처해지다"는 뜻을 나타낸다.

중국은 오랜 역사와 문화 전통을 가진 나라다. 중국의 많은 사상과 문화적 관습이 우리에게도 전래되어 적잖은 영향을 끼친 것도 분명한 사실이다. 그럼에도 중국은 우리와는 다른 많은 문화코드를 내재하고 있다. 몸짓 언어 또한 그 중 하나의 사례가 될 수 있다. 한국과 중국 사이의 국가 간 교류는 물론이고 민간 교류, 개인 교류 또한 날로 급증하고 있고, 그 영역 또한 확장되고 있다. 몸짓 언어는 때때로 그 자체로 즉각적인 의미를 표출하기 때문에 심각한 감정적 문제나 마찰로 이어질 수도 있는 개연성을 가지고 있다. 문화코드의 일종으로서 중국의 몸짓 언어를 미리 익혀둔 상황에서 중국인과 접촉한다면 상호 문화에 대한 이해의 폭이 더 넓어지리라는 점은 자명한 사실이다.

| 세미오시스 교양총서 01 |

세계의 몸짓
몸짓의 세계

초판 인쇄 2016년 5월 23일
초판 발행 2016년 5월 30일

지은이 권경애 · 김형래 · 박경은 · 송승원 · 임대근
임민지 · 장용규 · 정은귀 · 최진영 · 추석훈
발행인 김인철
총괄 · 기획 장지호 Director, University Press
편집장 신선호 Executive Knowledge Contents Creator
도서편집 김민정 Contents Creator
진수연 Contents Creator
전자책편집 최인우 Chief e-Contents Creator
마케팅 곽용창 Chief Marketing Creator
재무관리 권미경 Chief Managing Creator
김은혜 Managing Creator
발행처 한국외국어대학교 지식출판원
02450 서울특별시 동대문구 이문로 107
전화 02)2173-2493~7
팩스 02)2173-3363
홈페이지 http://press.hufs.ac.kr
전자우편 press@hufs.ac.kr
출판등록 제6-6호(1969. 4. 30)
디자인 · 편집 (주)이환디앤비 02)2254-4301
인쇄 · 제본 네오프린텍 02)718-3111

ISBN 979-11-5901-086-6 94700 정가 16,000원
ISBN 979-11-5901-079-8 (세트)

*잘못된 책은 교환하여 드립니다.

HU:iNE 은 한국외국어대학교 지식출판원의 어학도서, 사회과학도서, 지역학 도서 Sub Brand이다. 한국외대의 영문명인 HUFS, 현명한 국제전문가 양성(International +Intelligent)의 의미를 담고 있으며, 휴인(携引)의 뜻인 '이끌다, 끌고 나가다'라는 의미처럼 출판계를 이끄는 리더로서, 혁신의 이미지를 담고 있다.